Siegfried Ochs

Leiter im Spannungsfeld ...

Siegfried Ochs

# Leiter im Spannungsfeld ...

Fromm Verlag

**Impressum / Imprint**
Bibliografische Information der Deutschen Nationalbibliothek: Die Deutsche Nationalbibliothek verzeichnet diese Publikation in der Deutschen Nationalbibliografie; detaillierte bibliografische Daten sind im Internet über http://dnb.d-nb.de abrufbar.


Bibliographic information published by the Deutsche Nationalbibliothek: The Deutsche Nationalbibliothek lists this publication in the Deutsche Nationalbibliografie; detailed bibliographic data are available in the Internet at http://dnb.d-nb.de.


Verlag / Publisher:
Fromm Verlag
ist ein Imprint der / is a trademark of
AV Akademikerverlag GmbH & Co. KG
Heinrich-Böcking-Str. 6-8, 66121 Saarbrücken, Deutschland / Germany
Email: info@frommverlag.de

Herstellung: siehe letzte Seite /
Printed at: see last page
**ISBN: 978-3-8416-0387-6**

# Leiter im Spannungsfeld ...

## Vorwort

Wieder einmal stand ich wieder auf der Leiter. Die Glühlampe über meiner Garage war defekt und den Abstand konnte ich dank einer Leiter gut überwinden. So eine Leiter ist eine phantastische Erfindung. Sie hilft uns, Distanzen zu überwinden, denen wir auf Grund unserer körperlichen Größe ausgesetzt sind. Allerdings muss man für den Weg auf die Leiter schwindelfrei sein. Je höher die Leiter ist, desto wichtiger ist diese Eigenschaft. Außerdem muss die Leiter einen festen Stand haben, damit sie nicht unter dem Körpergewicht zusammenkracht. Hiermit sind bereits zwei wichtige Voraussetzungen für einen geistlichen Leitungsdienst skizziert: Leiter müssen standfest sein, wenn es stürmisch wird, und sie müssen schwindelfrei sein, je höher es hinauf geht.

Jeder, der eine Leitungsaufgabe innerhalb einer Kirchengemeinde und darüber hinaus übernimmt, begibt sich automatisch in ein Spannungsfeld, wo es stürmisch wird und man schwindelfrei sein muss:

- nicht nur zwischen der zu erfüllenden Aufgabe und den damit verbundenen Menschen
- sondern auch zwischen seiner Person – mit allen Stärken und Schwächen – und den Menschen, denen man um Jesu willen dienen möchte

Damit ist bereits eine wichtige Qualifikation für Leiter skizziert: Sie müssen mit Spannungen umgehen können und konfliktfähig sein. Genau das schreibt Paulus seinem Mitarbeiter Timotheus für seinen Leitungsdienst ins Stammbuch, 2. Timotheus 4, Vers 1 bis 2 (Einheitsübersetzung): *Ich beschwöre dich bei Gott und bei Christus Jesus, dem kommenden Richter der Lebenden und der Toten, bei seinem Erscheinen und bei seinem Reich:*

*Verkünde das Wort, tritt dafür ein, ob man es hören will oder nicht; weise zurecht, tadle, ermahne, in unermüdlicher und geduldiger Belehrung.*

Extrem harmoniebedürftige Menschen werden keine guten Leiter sein können, weil sie es allen recht machen wollen und damit letztlich nichts bewegen werden. So wird es in diesem Buch immer um dieses Spannungsfeld gehen, in das jeder leitende Mitarbeiter gestellt ist.

Dabei ist dieses Spannungsfeld nicht grundsätzlich negativ zu sehen, sondern kann geradezu anregend und motivierend wirken. Ohne die elektrische Spannung würde kein Fernseher laufen. Durch die Spannung zwischen Mann und Frau ist schon so manchem das Leben geschenkt worden.

Wenn ich die Leitungsverantwortung mit einem Spannungsfeld gleichsetze, soll damit deutlich gemacht werden, dass Leitung einerseits richtig anstrengend, zugleich aber auch anregend sein kann. Kein Segelschiff kommt ohne Wind aus. Doch Stürme können gefährlich werden. Wer eine Leitungsaufgabe übernimmt, muss sich darauf einstellen, dass er in der Regel keine ruhige See vorfindet, dass es windig, manchmal sogar stürmisch wird und es nicht selten sogar Gegenwind gibt.

Leiter befinden sich permanent im Spannungsfeld:

- zwischen Berufung und Beauftragung
- zwischen Einordnung und Unterordnung
- zwischen Vorbild und Versagen
- zwischen Verantwortung und Delegation
- zwischen Begabung und Begrenzung
- zwischen Anspruch und Wirklichkeit
- zwischen Nähe und Distanz

Meine erste Leitungsfunktion nahm ich als junger Christ wahr, nachdem der damalige Leiter einer offenen Jugendarbeit Selbstmord begangen hatte. Damit diese wichtige Arbeit unter jungen Menschen im sozialen Brennpunkt eines Wuppertaler Stadtteils nach dieser traumatischen Erfahrung irgendwie weitergehen gehen konnte, übernahm ich als unerfahrener junger Christ mit knapp 18 Jahren die Leitung der Teestube „New Life Club". Rückblickend waren mir diese „Schuhe viel zu groß" und dennoch habe ich durch meine Anfangsfehler und Schwächen vieles über mich selbst erkannt und für später gelernt.

Mit 24 Jahren wurde ich zum Pastor von 5 ½ Gemeinden im Grenzgebiet von Nordrhein-Westfalen und Hessen berufen. Für mein damaliges Alter war ich natürlich mit dieser Aufgabe heillos überfordert. Aus den vielen Krisen meiner ersten zehn Berufsjahre habe ich rückblickend allerdings unendlich viel gelernt und wurde so auf das Kommende vorbereitet.

Der Weg auf der „Leiter" wurde im Lauf meines Lebens immer steiler, je höher es hinaufging. Standfestigkeit und Schwindelfreiheit wurden dabei immer wichtiger. Je länger ich im Dienst bin, desto deutlicher erkenne ich, wie Gott zu immer neuen und anderen Herausforderungen führt. Dabei ging und geht es allerdings nicht um die „Höhe" im Sinne einer besonderen Stellung oder eines herausgehobenen Status, sondern um die Herausforderungen, vor die Gott seine Mitarbeiter stellt. Die achtjährige Arbeit im Vorstand der Krefelder Allianz war dabei schon herausfordernd, aber nicht so herausfordernd wie der neunjährige Vorsitz in der Krefelder Arbeitsgemeinschaft Christlicher Kirchen. Als fast erste „Amtshandlung" hatte ich dabei einen Gedenkgottesdienst anlässlich der Terroranschläge des 11. September 2001 zu gestalten.

Untrennbar mit der Leitungsaufgabe ist die Arbeit an der eigenen Person verbunden, die so genannte Selbstleitung, die ohne kritische Selbsterkenntnis allerdings nicht zu haben ist. Nur wer wirklich an sich selbst arbeitet, kann

auch andere hilfreich leiten und führen. Ansonsten arbeiten wir als Leiter unbewusst mit Übertragungen und ungeklärten Kindheitserfahrungen, die sich wie Spinnennetze nicht nur auf Leitungskreise, sondern auf ganze Gemeinden negativ auswirken können. Irgendwann im Laufe meines Dienstes wurde mir z.B. bewusst, wie eine ganz bestimmte Art von älteren Männern in den Leitungsteams, in denen ich tätig war, einen ungeheuren Einfluss auf mich ausübten. Wenn sie mich kritisierten, war ich am Boden zerstört. Wenn sie mich lobten, wurde ich geradezu euphorisch. Ich versuchte diesem Phänomen nachzuspüren und entdeckte: Es geht gar nicht um diese „Männer", es ging in Wahrheit immer um meinen verstorbenen Vater. Ich versuchte auf diese Art und Weise, die Anerkennung meines Vaters zu bekommen, die er mir lebenslang nicht gegeben hatte. Ich wollte nur einmal hören, dass er stolz auf mich ist. So tat ich alles, was diese „älteren Männer" wollten, um „lieb Kind" zu sein und Anerkennung zu bekommen.
Für Menschen, die andere leiten und damit quasi „oben auf der Leiter" stehen, ist es immens wichtig, dass sie sich selbst wirklich kennen, ihre verborgenen und geheimen Motive, um nicht durch Übertragung und unverarbeitete Kindheitserfahrungen Menschen, die ihnen anvertraut sind, buchstäblich in die Irre zu führen.

Wir besitzen zuhause zwei Leitern. Eine „kleine" Leiter, die wir vor allen Dingen in der Küche für unsere hohen Schränke benötigen, und eine „große" Leiter, die wir brauchen, wenn der Schornsteinfeger kommt oder ich wieder einmal die Birne über der Garage wechseln muss.
Auf keine der beiden Leitern wollen wir verzichten. Allerdings erfüllt jede Leiter ihren ganz eigenen Zweck.

Auch im gemeindlichen Bereich gibt es „kleine" und „große" Leiter. Menschen, die ideal dafür geschaffen sind, einen überschaubaren Bereich eigenständig zu verantworten und andere, die einen größeren Bereich abdecken können. Wir können im gemeindlichen Alltag weder auf die „kleinen" noch auf die „großen" Leiter verzichten. Jede und jeder mit seiner unterschiedlichen Leitungsbegabung wird gebraucht. Dabei sollte allerdings niemand über- oder unterfordert werden mit seiner Leitungsbegabung.

Mit unserer „kleinen" Leiter werde ich niemals die Glühbirnen über meiner Garage auswechseln können. Die „große" Leiter wird mir allerdings in unserer Küche nur im Weg stehen.

Die „Größe" ist also nicht entscheidend. Entscheidend ist, dass ich entsprechend meiner Berufung die mir zugewiesene Leitungsbegabung einsetze und ausübe.

Daneben gehen Standfestigkeit und Schwindelfreiheit mit Selbsterkenntnis und Selbstleitung Hand in Hand.

Krefeld, im Mai 2013

Siegfried Ochs

## Leiter im Spannungsfeld zwischen Berufung und Beauftragung

Das erste Spannungsfeld, dem jeder Leiter begegnet, ist das zwischen Berufung und Beauftragung.

Berufung und Beauftragung stehen nicht im Gegensatz zueinander, sie korrespondieren miteinander und stehen in einer Wechselbeziehung zueinander. Wobei eine Beauftragung ohne Berufung ins Leere läuft und eine Berufung Gottes sich in aller Regel durch eine menschliche Beauftragung bestätigt.

Apostelgeschichte 6, Vers 1 bis 7 (Einheitsübersetzung): *In diesen Tagen, als die Zahl der Jünger zunahm, begehrten die Hellenisten gegen die Hebräer auf, weil ihre Witwen bei der täglichen Versorgung übersehen wurden.*

*Da riefen die Zwölf die ganze Schar der Jünger zusammen und erklärten: Es ist nicht recht, dass wir das Wort Gottes vernachlässigen und uns dem Dienst an den Tischen widmen. Brüder, wählt aus eurer Mitte sieben Männer von gutem Ruf und voll Geist und Weisheit; ihnen werden wir diese Aufgabe übertragen. Wir aber wollen beim Gebet und beim Dienst am Wort bleiben. Der Vorschlag fand den Beifall der ganzen Gemeinde, und sie wählten Stephanus, einen Mann, erfüllt vom Glauben und vom Heiligen Geist, ferner Philippus und Prochorus, Nikanor und Timon, Parmenas und Nikolaus, einen Proselyten aus Antiochia. Sie ließen sie vor die Apostel hintreten und diese beteten und legten ihnen die Hände auf. Und das Wort Gottes breitete sich aus und die Zahl der Jünger in Jerusalem wurde immer größer; auch eine große Anzahl von den Priestern nahm gehorsam den Glauben an.*

Hier haben wir es mit einem der wenigen Texte des Neuen Testamentes zu tun, wo wir so etwas wie die „Wahl von leitenden Mitarbeitern“ finden.

So schreibt Karl Heinz Knöppel, langjähriger Präses des Bundes Freier evangelischer Gemeinden (1973 bis 1991), dazu: „Das Verfahren, wie geistliche Leute vorgeschlagen werden, wird im Neuen Testament nicht konkret festgelegt. In unserer Zeit hat es sich bewährt, demokratische

Arbeitsinstrumente zu gebrauchen, ohne damit das Prinzip der Demokratie zu übernehmen. So ist wohl eine „geheime Wahl“ das beste Mittel, um das Vertrauen der Gemeinde zu erfragen. Die Bibel lässt uns aber einen weiten Raum, um das Verfahren zu gestalten.“[1]

Es gab ein Problem in der jungen Gemeinde, weil die Apostel keine Kapazitäten mehr frei hatten und deshalb die griechisch sprechenden Witwen bei der Essensversorgung übersehen wurden. Die Gemeinde wendet sich mit diesem Problem an die Gemeindeleitung - die damaligen Apostel. Und diese fordern die Gemeinde auf, sieben Mitarbeiter für den Tischdienst auszuwählen. Als Voraussetzungen für die Arbeit in der Gemeindeküche wird genannt:

- Ein guter Ruf
- voll heiligen Geistes
- Weisheit

Wie gesagt, es geht bei dieser ersten strukturellen Veränderung in der noch jungen Gemeinde lediglich um die Essensausgabe und nicht um ein Leitungsamt. Hier werden keine Diakone oder Älteste gewählt, sondern verantwortliche Mitarbeiter für die Gemeindeküche gesucht.

Entsprechend der drei Voraussetzungen werden sieben Männer von der Gemeinde ausgewählt und damit für diesen Dienst beauftragt.

Die Apostel bestätigen die Wahl der Gemeinde, indem sie für diese Sieben unter Handauflegung beten und sie so in ihr „Amt“ einführen.

Eine klassische Situation nicht nur in der damaligen, sondern auch in unserer heutigen Gemeindesituation. Es gibt in einem Bereich einen Engpass. Verantwortliche Mitarbeiter werden gesucht, und die Gemeinde beauftragt sie. In aller Regel werden sie im Gottesdienst unter Handauflegung von einem aus der Gemeindeleitung für ihren Dienst gesegnet.

- Die Sieben wurden von der Gemeinde beauftragt

-----

1: Karl Heinz Knöppel, Wozu ist Gemeinde gut?, Brockhaus-Verlag Wuppertal 1995, Seite 76

- Sie wurden von den Aposteln bestätigt
- Zugleich sind diese Sieben aber auch von Gott berufen.

Das macht die Forderung deutlich, dass die Mitarbeiter voll des Heiligen Geistes sein müssen. Somit bestätigt die Gemeinde hier lediglich eine durch Gott bereits längst getroffene Berufung zum Dienst. Dies wird auch durch die weitere Geschichte deutlich. In Kapitel 7 tritt der beauftragte Küchenjunge Stephanus als vollmächtiger Verkündiger des Evangeliums auf und wird zum ersten Märtyrer der Gemeinde Jesu. In Kapitel 8 lesen wir, wie der beauftragte Küchenjunge Philippus als Evangelist und Missionar aktiv wird.

Damit wird deutlich: Der Beauftragung der Sieben durch die Gemeinde zum Tischdienst ging die Berufung Gottes voraus. Diese Berufung veränderte auch den Dienstbereich dieser beiden: Von der Essensausgabe auf die Kanzel. Dafür lag keinerlei Beauftragung der Gemeinde vor. Allerdings zeigt sich darin deutlich die Berufung Gottes. Und die Gemeinde tat gut daran, nicht auf ihre klar umrissene Beauftragung - Küchendienst - zu bestehen, sondern diese Berufenen predigen zu lassen.

Berufung und Beauftragung stehen nicht im Gegensatz zueinander. Sie korrespondieren miteinander und stehen in einer Wechselbeziehung zueinander. Wobei eine Beauftragung ohne Berufung ins Leere läuft – deshalb sollten diese Sieben „voll des Heiligen Geistes sein“. Eine Berufung Gottes wird in aller Regel auch durch eine menschliche Beauftragung bestätigt.

Helmut Weidemann, langjähriger Pastor der Freien evangelischen Gemeinde Gießen (1963 bis 2001), merkt dazu an: „Jede Gemeinde, die sich an der Heiligen Schrift orientiert, vollzieht mit ihrer Berufung in eine konkrete Aufgabe nur nach, was sie als gnädiges Vorweghandeln Gottes im Leben des betreffenden Mitarbeiters erkannt hat.“[2]

Grundsätzlich ist jeder Christ von Gott berufen. So beginnt Paulus seinen

-----

2: Theologische Impulse, Band 12, Auf Kurs bleiben, Bundes-Verlag Witten 2006, Seite 7

ersten Korintherbrief mit der Anrede, 1. Korinther 1, Vers 2 (Einheitsübersetzung): *An die Kirche Gottes, die in Korinth ist, - an die Geheiligten in Christus Jesus, berufen als Heilige mit allen, die den Namen Jesu Christi, unseres Herrn, überall anrufen, bei ihnen und bei uns.* und Petrus schreibt in seinem ersten Brief, 1. Petrus 2, Vers 9 (Einheitsübersetzung): *Ihr aber seid ein auserwähltes Geschlecht, eine königliche Priesterschaft, ein heiliger Stamm, ein Volk, das sein besonderes Eigentum wurde, damit ihr die großen Taten dessen verkündet, der euch aus der Finsternis in sein wunderbares Licht gerufen hat.*

Innerhalb der Freien evangelischen Gemeinden unterscheiden wir nicht zwischen „Laien“ und „Geistlichen“. Nach unserem Gemeindeverständnis ist jeder Christ geistbeschenkt - ohne den Heiligen Geist kann man Jesus Christus nicht als seinen Herrn bekennen (1. Korinther 12, Vers 3b) - und damit auch ein „Geistlicher“, einer der zu Gott gehört. Wir wollen als Gemeinde damit ernst machen, was Luther nach 1. Petrus als das allgemeine Priestertum aller Gläubigen bezeichnete. Deshalb gibt es in unserer Gemeinde auch kein „die da oben“ oder „die da unten“. Wir stehen alle auf dem gemeinsamen Fundament Jesus Christus, der uns alle miteinander gerufen und berufen hat, in dieser Zeit und Stadt „die großen Taten Gottes zu verkündigen“.

„Das bedeutet nun nicht“, - wie auch Peter Strauch, Präses des Bundes Freier evangelischer Gemeinden (1991 bis 2007) in seinem Buch „Typisch FeG“ schreibt - „dass alle die gleiche Aufgabe wahrzunehmen haben.“[3] Das allgemeine Priestertum bedeutet keine Gleichmacherei! „Gerade bei der Beschreibung des Leibes Christi (1. Korinther 12) zählt Paulus viele Gaben auf, die Jesus Christus den einzelnen Schwestern und Brüdern in der Gemeinde anvertraut.“[4]

Es gibt keine unbegabten Christen. Es gibt nur unterschiedlich begabte und

-----

3: Peter Strauch, Typisch FeG, Bundes-Verlag Witten 1997, Seite 57
4: Ebd.

damit zu verschiedenen Aufgaben berufene Christen. Gaben bedeuten Aufgaben. Wer seine von Gott geschenkte geistliche Begabung kennt, weiß damit in aller Regel auch um ein mögliches Aufgabenfeld für diese Begabung. Denn die geschenkten Gaben gehören nicht ins Regal der Selbstbeweihräucherung, sondern sind uns für den Dienst im Reich Gottes verliehen worden.

Wenn wir den biblischen Befund zusammenfassen, ergibt sich daraus folgendes:

1. Jeder Christ ist zum Dienst im Reich Gottes berufen
2. Aber nicht jeder Christ ist zum Leitungsdienst berufen.
   *Die Gabe der Leitung ist nur eine von rund 30 Geistesgaben.*
3. Gottes Berufung wird in aller Regel durch menschliche Beauftragung bestätigt.

Damit dürfte ein gefährliches Missverständnis in Sachen Berufung vom Tisch sein. Denn eine Berufung Gottes für einen besonderen Dienst ist niemals eine Auszeichnung für besondere Leistungen. Wir können uns eine Berufung weder verdienen noch ist sie ein Ausweis dafür, dass Gott uns mehr liebt als andere. Paulus hat das den stolzen Korinthern sehr deutlich in ihren Gemeindebrief geschrieben, 1. Korinther 1, Vers 26 bis 30 (Einheitsübersetzung): *Seht doch auf eure Berufung, Brüder! Da sind nicht viele Weise im irdischen Sinn, nicht viele Mächtige, nicht viele Vornehme, im irdischen Sinn, sondern das Törichte in der Welt hat Gott erwählt, um die Weisen zuschanden zu machen, und das Schwache in der Welt hat Gott erwählt, um das Starke zuschanden zu machen. Und das Niedrige in der Welt und das Verachtete hat Gott erwählt: das, was nichts ist, um das, was etwas ist, zu vernichten, damit kein Mensch sich rühmen kann vor Gott.*

Gott liebt es, gerade diejenigen zu berufen, die gesellschaftlich eher am Rande als im Zentrum stehen. Samuel ließ sich ausreichend von den sieben stattlichen muskulösen Söhnen des Isai blenden, und Gott musste ihm sagen, 1. Samuel 16, Vers 7b (Einheitsübersetzung): *Der Mensch sieht, was vor den Augen ist, der Herr aber sieht das Herz,* und so beruft Gott den Jüngsten, David, der draußen bei den Schafen ist, zum König von Israel.

„Gott braucht mich nicht", schreibt Magnus Malm in diesem wichtigen Buch „Gott braucht keine Helden – Mitarbeiter zwischen Rolle und Wahrhaftigkeit".[5]

Und weiter schreibt er: „Wie oft steckt hinter der Frage nach meiner Berufung nicht eigentlich mein unterschwelliges Bedürfnis, mich vor Gott zu rechtfertigen - ihm durch die stramme Erfüllung einer geistlichen Aufgabe zu beweisen, dass ich seine Gunst verdiene? Aber das bedeutet dann doch, dass ich unbewusst die Menschen, denen ich diene, als Mittel zum Zweck benutze. Ich diene ihnen nicht aus meiner Identität heraus, ich brauche sie, um eine Identität zu bekommen. ...

Hier liegt auch die tiefste Ursache für viel Karrieredenken und Machtkämpfe in frommem Gewand. Bei vielen Konflikten in Kirche und Gemeinde geht es eigentlich gar nicht um Theologie, sondern um die Verteidigung unserer so mühsam aufgebauten Identitätskulisse."[6]

Nein, eine Berufung Gottes zu einem Dienst ist kein Zeichen besonderer Wertschätzung Gottes. Eine Berufung ist kein Orden, den ich mir anstecken kann, um damit vor anderen zu glänzen. Eine Berufung Gottes zu einem Dienst ist schlicht und einfach Gottes freie Entscheidung, diesen Menschen jetzt zu diesem Dienst zu berufen.

Wir brauchen nicht für alles und jedes einen göttlichen Ruf und damit eine klare Berufung. Wenn z.B. nach dem Gottesdienst Tische gestellt werden müssen, braucht man nicht auf einen himmlischen Stellungsbefehl zu warten, sondern sollte einfach aus Solidarität mit anpacken.

Wenn wir im Neuen Testament lesen, dass wir unseren Nächsten lieben sollen, wird es dazu keinen weiteren himmlischen Kommentar geben, weil die Anweisung klar und unmißverständlich ist. Genauso wie bei der fünften und sechsten Bitte des Vaterunsers: „Und vergib uns unsere Schuld, wie auch wir

-----

5: Magnus Malm, Gott braucht keine Helden, Edition Aufatmen, Brockhaus-Verlag Wuppertal 1999[4]

6: Magnus Malm, a.a.O., Seite 31

vergeben unsern Schuldigern.“ Wer seine fehlende Vergebungsbereitschaft mit fehlender göttlicher Beauftragung rechtfertigen will, wird bei Gott ins Leere laufen. Denn sein Wort sagt unmissverständlich, Matthäus 6, Vers 14 bis 15 (Einheitsübersetzung): *Denn wenn ihr den Menschen ihre Verfehlungen vergebt, dann wird euer himmlischer Vater auch euch vergeben. Wenn ihr aber den Menschen nicht vergebt, dann wird euch euer Vater eure Verfehlungen auch nicht vergeben.*

Darüber hinaus brauchen wir aber für bestimmte Aufgaben – besonders Leitungsaufgaben innerhalb und außerhalb der Gemeinde Gottes - klare Wegweisung und seine Berufung.

Wer sich nur von Menschen beauftragen lässt, ohne von Gott für einen geistlichen Leitungsdienst berufen zu sein, wird heillos scheitern. Die Berufung kann durch ein Wort der Bibel geschehen, durch die geistlichen Gaben, die Gott mir anvertraut hat oder durch die Anfrage eines Mitchristen.

Dr. A. W. Tozer (21. April 1897 - 12. Mai 1963, amerikanischer protestantischer Pfarrer) schreibt: „Ein wahrer und sicherer Leiter ist aller Wahrscheinlichkeit nach einer, der nicht danach strebt zu führen, sondern durch den inneren Druck des Heiligen Geistes und den Druck der äußeren Umstände in diese Stellung gezwungen wurde. Solche Leute waren Mose, David und die Propheten des Alten Testaments.

Ich glaube, dass es von Paulus an bis heute kaum eine größere Führungspersönlichkeit gegeben hat, die nicht vom Herrn der Kirche in eine Stellung hineingedrängt worden ist, die anzutreten der Betreffende wenig Mut hatte. Meiner Meinung nach müsste es als eine ziemlich zuverlässige Faustregel gelten können, dass derjenige, der bestrebt ist zu leiten, als Leiter schon disqualifiziert ist. Der echte Leiter wird kein Verlangen haben, über Gottes Erbe den großen Herrn zu spielen, sondern wird demütig, milde, selbst zum Opfer bereit und im Ganzen ebenso willig sein, zu folgen wie zu führen, wenn es ihm der Heilige Geist klar macht, dass jetzt ein weiserer und begabterer Mann da ist als er.“[7]

Leiter befinden sich lebenslang im Spannungsfeld zwischen Berufung und Beauftragung. Ohne mein Berufungswort aus Lukas 9, Vers 60 (Einheitsübersetzung): *Lass die Toten ihre Toten begraben; du aber geh und verkünde das Reich Gottes* wäre ich schon längst kein Pastor mehr. Es gab Zeiten in meinem Dienst, da konnte ich mich nur an dieses Wort klammern und durfte wissen: Gott und nicht Menschen haben mich zu diesem Dienst gerufen. Daneben blühte ich geradezu auf, wenn diejenigen, die mich zu einem Dienst beauftragt hatten, mich auch im Dienst ermutigen.

Als Mose von Gott berufen wird, um sein Volk aus der 400jährigen Sklaverei Ägyptens zu befreien, ist Mose 80 Jahre alt. 40 Jahre hat er wie ein Prinz in Ägypten gelebt bis zu dem Tag an dem er im Zorn einen Ägypter erschlug. Die anschließenden 40 Jahre hat er in der Wüste und als Schafhirte verbracht. 80 Jahre bereitet Gott Mose vor und diese Jahre prägen und schleifen ihn, bis er zu einem passenden Werkzeug in der Hand Gottes geworden ist. Wir schreiben ungefähr das Jahr 1.350 v. Christus als die Geschichte mit Mose und der Befreiung Israels seinen Anfang nimmt (siehe: 2. Mose 3, Vers 9 bis 17).

Vier Einwände erhebt Mose gegen Gottes Berufung:

1. Wer bin ich schon? – 2. Mose 3, Vers 11
2. Gott, ich kenne deinen Namen nicht – 2. Mose 3, Vers 13
3. Man wird mir nicht glauben – 2. Mose 4, Vers 1
4. Ich kann nicht reden – 2. Mose 4, Vers 10

Auf jeden dieser Einwände antwortet Gott:

- auf seine Unfähigkeit mit seiner Gegenwart
- auf seine Unkenntnis mit seiner Offenbarung
- auf seine Angst mit seiner Macht

-----

7: Oswald Sanders, Verantwortung Leitung Dienst, Brockhaus-Verlag Wuppertal 1968, Seite 15

- auf seine Sprachlosigkeit mit seinem Bruder Aaron

Einerseits versucht Mose sich herauszureden, und der vierte Einwand erregt Gottes Zorn.

Aber zwei der Einwände des Mose zeigen seine Reife und qualifizieren ihn geradezu für den Dienst, zu dem er gerufen wird: Zum einen die Erkenntnis seiner eigenen Unfähigkeit, die er mit der Frage ausdrückt: „Wer bin ich schon?" Und daneben seine Möglichkeiten und das, was er hat. So verwandelt Gott den Stab des Mose in den Stab Gottes, mit dem er später das Wasser teilen und Israel sicheren und trockenen Fußes bis ans gelobte Land führen wird.

Es ist Gottes Art, nicht die „scheinbar" Fähigen und Starken zu berufen, sondern gerade diejenigen, die um ihre Unfähigkeit wissen. Als Mose sich als 40jähriger zum Schiedsmann zwischen zwei Hebräern aufspielt, wird er als Autorität abgelehnt. Jetzt tritt er nicht mehr als Besserwisser und von oben herab auf, sondern geläutert durch seine Wüstenzeit. Mose weiß um seine Grenzen und Schwächen. Er weiß mittlerweile um seine Ohnmacht und hat jetzt - nach 80 Jahren - eine gesunde und realistische Selbstwahrnehmung.

Alles was Mose hat, als er vor Gott im brennenden Dornbusch erscheint, ist sein Hirtenstab. Es ist Gottes Art, unsere Gaben und Möglichkeiten zu gebrauchen, wenn wir sie ihm zur Verfügung stellen, damit er daraus etwas, geradezu wunderbares schaffen kann. Allerdings werden wir von Gott niemals zur Hingabe unserer Möglichkeiten gezwungen, sondern freiwillig eingeladen. Wer das, was er hat, Gott freiwillig zur Verfügung stellt, erlebt buchstäblich Wunder.

Zwei Dinge qualifizieren Mose und auch uns für den Dienst, zu dem Gott uns ruft:

- unsere Selbsterkenntnis: Wer bin ich schon?
- unsere Möglichkeiten: Was hast Du in der Hand?

Gott gebraucht Menschen mit Fehlern und Schwächen, ja sogar einen

Mörder wie Mose. Menschen, die eine gesunde Selbstwahrnehmung haben und darum wissen: Ich kann es nicht mit meiner Kraft und meinen Möglichkeiten! „Wer bin ich schon?“

Gott gebraucht Menschen, die er begabt und beschenkt hat und die bereit sind, ihre Gaben und Möglichkeiten einzusetzen, damit sie sehen und erleben, was daraus wird, wenn Gott sie in Beschlag nimmt. So wie aus dem Stab des Mose der Stab Gottes wurde, der Wasser aus Felsen sprudeln ließ, so kann Gott auch unsere scheinbar unscheinbaren Gaben und Möglichkeiten gebrauchen und verwandeln, wenn wir sie Gott überlassen und zur Verfügung stellen.

Dass damit nicht alles einfach und leicht wird, zeigen die nächsten Jahre. 40 Jahre muss Mose ein störrisches Volk führen auf einen Weg, den man durchaus in 40 Tagen geschafft hätte. 40 Jahre befindet sich Mose im Spannungsfeld zwischen Berufung und Beauftragung. Er hat ein Volk zu führen, dass permanent seine Berufung in Frage stellt und sich nach den Fleischtöpfen Ägyptens zurücksehnt.

Aber was wäre passiert, wenn Mose den Stab nicht losgelassen hätte und den verwandelten Stab nicht aufgenommen hätte? Was könnte passieren, wenn wir uns Gott überlassen, so wie wir sind – begrenzt und unfähig – und zugleich begabt und reich. Was könnte passieren?

**Fragen zum persönlichen Weiterdenken:**

1. Wer hat mich gefragt: ______________________________

   Wozu: ______________________________

   Weshalb (Begründung): ______________________________

2. Was hat diese Anfrage bei mir ausgelöst:
   ( ) fühle mich verunsichert
   ( ) fühle mich überfordert
   ( ) fühlte mich geehrt
   ( ) fühle mich herausgefordert
   ( ) ______________________________

3. Weiß ich um eine von Gott gegebene Berufung für diese Aufgabe?
   ( ) ja ( ) nein ( ) unsicher

   Bei **ja:** Wie ist es zu der Berufung gekommen? ______________________________

4. Kenne ich meine geistlichen Gaben?
   ( ) ja ( ) nein ( ) unsicher

   Bei **nein** oder **unsicher:** Wann und wie will ich mich kundig machen? ______________________________

   Welche geistlichen Gaben sind bei mir vorhanden und qualifizieren mich dafür?

   ( ) Apostel
   ( ) Barmherzigkeit
   ( ) Dienen
   ( ) Erkenntnis
   ( ) Freiwillige Armut
   ( ) Geben
   ( ) Glauben
   ( ) Heilung
   ( ) Hirtendienst
   ( ) Lehren
   ( ) Leitung
   ( ) Musik
   ( ) Prophetie
   ( ) Unterscheidung der Geister
   ( ) Wundertaten
   ( ) Auslegung des Zungenredens
   ( ) Dämonenaustreibung
   ( ) Ehelosigkeit
   ( ) Evangelisation
   ( ) Gastfreundschaft
   ( ) Gebet
   ( ) Handwerk
   ( ) Helfen
   ( ) Künstlerische Kreativität
   ( ) Leidensbereitschaft
   ( ) Missionar
   ( ) Organisation
   ( ) Seelsorge
   ( ) Weisheit
   ( ) Zungenreden[8]

5. Entspricht die Anfrage meinen geistlichen Gaben und meinen persönlichen Stärken?
   ( ) ja ( ) nein ( ) unsicher

   Bei **unsicher:** Wann werde ich mit wem darüber sprechen? ______________________________

6. Weshalb könnte ich diese Anfrage annehmen ...
   ( ) ...weil ich mich von Gott dazu berufen weiß
   ( ) ...weil die Aufgabe interessant klingt
   ( ) ...weil ich mich dadurch herausgefordert fühle

7. Welche Person, die mich gut kennt ______________________ hat mir bestätigt, dass diese Aufgabe etwas für mich wäre?

-----

8: Christian A. Schwarz, Die drei Farben deiner Gaben, C&P-Verlag Emmelsbüll 2001, Seite 99 bis 134

## Leitung im Spannungsfeld zwischen Einordnung und Unterordnung

Wer im Raum der Gemeinde eine Leitungsaufgabe wahrnimmt, ist nicht zum Herrscher und Befehlshaber gerufen, sondern laut Jesus zum Dienst für andere. Damit sind „Machtmenschen" denkbar ungeeignet für Leitungsaufgaben im christlichen Bereich. Matthäus 20, Vers 25 bis 28 (Einheitsübersetzung): *Ihr wisst, dass die Herrscher ihre Völker unterdrücken und die Mächtigen ihre Macht über die Menschen missbrauchen. Bei euch soll es nicht so sein, sondern wer bei euch groß sein will, der soll euer Diener sein, und wer bei euch der Erste sein will, soll euer Sklave sein. Denn auch der Menschensohn ist nicht gekommen, um sich dienen zu lassen, sondern um zu dienen und sein Leben hinzugeben als Lösegeld für viele.*

Nun bedeutet dieses Wort Jesu aber nicht ein generelles Nein zur Leitung im Raum der Gemeinde, sondern fordert die Leiter einer Gruppe oder Gemeinde auf, ihre Leitung nicht herrschend, sondern dienend auszuüben.

Magnus Malm weist in seinem Buch „Gott braucht keine Helden" eindrücklich auf diesen Unterschied hin, wenn er schreibt: „Hier ahnen wir auch den Unterschied zwischen Führen und Dominieren. Er ist einer der Gründe dafür, dass in so genannten freien Gruppen die Tyrannei oft am stärksten wird – weil nämlich das Fehlen einer formellen Leitung den dominanten Persönlichkeiten in der Gruppe freie Schussbahn gibt.

Dominieren bedeutet, dass ich die Initiativen und die spontanen Lebensäußerungen der anderen ständig niederhalte, ihre Fragen, Kritiken, Vorschläge abwürge, ihr Wachsen und Reifen hemme. Führen dagegen bedeutet, dass ich den anderen neue Türen öffne, ihnen Möglichkeiten zeige, zu wachsen und neue Schritte zu tun, ihnen Ziele gebe, die neue Gaben und Kräfte in ihnen freisetzen.

Ein dominierender Mensch benutzt die Gruppe ständig als Stütze für sein Ich und zementiert ihr Angewiesensein auf ihn. Ein Leiter dagegen ist ständig bestrebt, die Gruppe von sich frei zu machen und zu Selbstständigkeit und Reife zu führen.“[9]

Nicht Leitung an sich ist schlecht oder abzulehnen, sondern die Frage ist, wie Leitung ausgeübt wird?

Herrschend und dominierend oder im Geist und Sinne Jesu dienend und unterstützend?

Der Autor und Friedensarbeiter Jim Wallis sagte einmal: „Führen heißt entdecken, was der Geist in einer Gruppe tut, und sich damit identifizieren.“[10]

Und der Autor Daniel Goleman schreibt in seinem Bestseller „Emotionale Intelligenz“: „Führung bedeutet nicht Herrschaft, sondern die Kunst, Menschen dazu zu bringen, dass sie für ein gemeinsames Ziel arbeiten.“[11]

Keine Gruppe und kein Gemeindekreis kommt ohne klar benannte und begabte Leiter aus. Sonst setzen sich zwangsläufig die Dominanten durch und entscheiden in ihrem Sinne. So war es schon in alttestamentlicher Zeit. Das Buch Richter endet mit dem erschreckenden Hinweis: *In jenen Tagen gab es noch keinen König in Israel; jeder tat, was ihm gefiel* (Richter 21, Vers 25 Einheitsübersetzung).

Wenn wir uns mit dem Thema Leitung befassen, stehen wir dabei in der Gefahr auf der einen oder anderen Seite vom Pferd zu fallen. Zum einen sind wir als Deutsche durch unsere unsägliche Geschichte grundsätzlich kritisch gegenüber allen Führungspersönlichkeiten eingestellt und missverstehen daneben als Freikirchler oft das Wort vom „allgemeinen Priestertum“ als Gleichmacherei aller. „Die Gleichmacherei gibt es in der Bibel nicht“ – merkt Karl Heinz Knöppel dazu an – „sondern die wuchs aus den Ideen der Französischen Revolution.“[12]

Gott hat jeden von uns unterschiedlich begabt und damit auch zu verschiedenen Aufgaben berufen. Eine Leitungsaufgabe im Raum der

-----

9: Magnus Malm, a.a.O., Seite 164 – 165
10: Magnus Malm, a.a.O., Seite 165
11: Daniel Goleman, Emotionale Intelligenz, Deutscher Taschenbuchverlag München 1999[10], Seite 192
12: Karl Heinz Knöppel, a.a.O., Seite 76

Gemeinde bedeutet dabei eben nicht, dass dieser „Leiter“ höher steht als der Rest der Gemeinde. Das Gemeindeglied, das ein Leitungsamt wahrnimmt - ob im Hauskreis, beim Stehkaffee oder im Ältestenkreis - ist dadurch nicht besser, geistlicher, mehr oder wichtiger geworden als der Rest der Gemeinde, sondern diese Person nimmt nur eine für den entsprechenden Bereich übertragene Leitungsverantwortung wahr. Nicht mehr, aber auch nicht weniger. Leitung bedeutet auch immer zugleich das Wahrnehmen von Verantwortung. Heinz-Adolf Ritter, langjähriger Geschäftsführer des Bundes Freier evangelischer Gemeinden (1952 bis 1987) merkt dazu an: „Wer sich allerdings über ausgeübten Einfluss beschwert, obwohl dieser Einfluss gut ist und sachgerecht eingebracht wird, hat entweder Verantwortung nicht zutreffend definiert oder sie nicht wirklich delegiert. Verantwortung zu tragen und im Rahmen übertragener Zuständigkeit Einfluss zu nehmen - das gehört untrennbar zusammen.“[13]

Wir unterscheiden als Freie evangelische Gemeinden nicht zwischen Laien und Geistlichen, sondern wir wollen ganz bewusst eine Gemeinschaft von Glaubenden und damit von Geistbegabten, eben von Geistlichen sein. Deshalb gibt es weder in unserer Gemeinde noch in unserem Bund eine kirchliche Hierarchie, die man erklimmen könnte. Gemeinsam sind wir alle miteinander - vom Begrüßungsdienst an der Tür bis hin zum Präses in Witten - erlöste Sünder und sündigende Erlöste und somit lebenslang gemeinsam auf die Gnade und die Vergebung Gottes angewiesen.

Allerdings ist der Verantwortungsbereich von unserem Türdienst und dem Präses unseres Bundes nicht deckungsgleich, sondern sehr verschieden.

Jegliche Leitungsverantwortung, die einem einzelnen übertragen wird, bedeutet zugleich aber auch, entsprechende Entscheidungen für seinen jeweiligen Bereich eigenverantwortlich umsetzen zu können. Leitung ohne Verantwortung ist weder praktikabel noch wirkliche Leitung. Wer eine

-----
13: Hans-Adolf Ritter, Leben heißt lernen, Bundes-Verlag Witten 1998, Seite 81

Leitungsaufgabe ausübt – egal ob als Gottesdienstleiter oder als Ältester – trifft kontinuierlich Entscheidungen und trägt dafür auch die Verantwortung.

In seiner unnachahmlichen Art hat Karl Heinz Knöppel in seinem kleinen Büchlein „Wozu ist Gemeinde gut?“ wesentliche Eckdaten zum Thema Leitung prägnant auf den Punkt gebracht: „Die Prinzipien der Demokratie dürfen die biblischen Vorgaben nicht außer Kraft setzen. Demokratische Regeln können nicht leichthin auf die Gemeinde Gottes übertragen werden. Denn das älteste Bekenntnis des Neuen Testamentes lautet: Herr ist Jesus Christus! Die Gemeinde Gottes untersteht also ihrem Herrn und seinen Ordnungen. Darum gehört es zu unseren Grundlagen, dass wir auch in Fragen der Leitung das Grunddokument unseres Glaubens befragen, um danach zu leben. Denn nicht der Zeitgeist, sondern der Heilige Geist soll die Gemeinde Jesu regieren.“[14]

Deshalb müssen wir das Wort Jesu aus Matthäus 20 (bzw. Markus 10, Vers 42 bis 45 bzw. Lukas 22, Vers 25 bis 27) durch die Worte aus 1. Thessalonicher 5, Vers 12 und Hebräer 13, Vers 17 ergänzen, wenn wir wirklich biblisch ausgewogen über Leitung nachdenken wollen.

1. Thessalonicher 5, Vers 12 bis 13 (Einheitsübersetzung): *Erkennt die unter euch an, die sich solche Mühe geben, euch im Namen des Herrn zu leiten und zum Rechten anzuhalten. Achtet sie hoch und liebt sie wegen ihres Wirkens! Haltet Frieden untereinander!*

Hebräer 13, Vers 17 (Einheitsübersetzung): *Gehorcht euren Vorstehern und ordnet euch ihnen unter, denn sie wachen über euch und müssen Rechenschaft darüber ablegen; sie sollen das mit Freude tun können, nicht mit Seufzen, denn das wäre zu eurem Schaden.*

Dazu merkt Karl Heinz Knöppel an: „Um der Herde willen sind die Leiter also da, und zwar zum Leiten und nicht zum Moderieren. Solche Leitung ist von Gott, und die Herde Christi braucht sie. Leitung ist lebensnotwendig.

-----

14: Karl Heinz Knöppel, a.a.O., Seite 71

Älteste sind also nicht Herren der Gemeinde, sondern Hirten; nicht Machttypen, sondern Diener.
Älteste sind kein Vorstand nach der Art eines Vereinsvorstandes, sondern haben den Dienstherrn Jesus! Sie werden nicht von der Gemeinde geleitet, sondern leiten die Gemeinde!"[15]

Die Leitungsbegabten und zur Leitung Beauftragten sollen also laut 1. Thessalonicher 5 und Hebräer 13 leiten und führen, und die jeweilige Gemeindegruppe, bzw. die Gesamtgemeinde soll sich dieser Leitung unterstellen und sich entsprechend einordnen und der ihnen von Gott gegebenen Leitung unterordnen.

Nun ist „Unterordnung" nicht gerade ein populäres Wort. Dennoch gehört es für uns Christen zum normalen Miteinander, wenn Paulus uns allen ins Stammbuch schreibt, Epheser 5, Vers 20 (Einheitsübersetzung): *Einer ordne sich dem andern unter in der gemeinsamen Ehrfurcht vor Christus.*

Auch wenn wir es nicht lieben, uns einzuordnen und schon gar nicht unterzuordnen, so wäre ohne Einordnung und Unterordnung unser menschliches Zusammenleben nicht möglich und wir würden in Anarchie und Chaos umkommen. Das betrifft die Familie bis hin zum Zusammenleben der Völkergemeinschaft und eben auch den Raum der Gemeinde.

Selbstverwirklichung ist gut und schön und nicht nur ein Modewort, sondern in einem gewissen Maße auch notwendig. Aber meine Freiheit zur Selbstverwirklichung hört immer dort auf, wo der andere beginnt! Ansonsten werde ich mich zwar selbst verwirklichen, aber zugleich die Grenzen meines Nächsten dabei heillos überschreiten.

Wir kommen also weder gesellschaftlich noch gemeindlich um Einordnung und Unterordnung an andere Menschen vorbei! Das Kind muss sich in seiner Familie einordnen und unterordnen. Dabei werden die Eltern niemals zu Partnern ihrer minderjährigen Kinder werden können, wenn sie ihnen nicht

-----
15: Karl Heinz Knöppel, a.a.O., Seite 73 und Seite 75

dauerhaft schaden wollen.

Autofahrer haben sich an die Verkehrsregeln zu halten und den jeweiligen Ordnungskräften unterzuordnen, ansonsten ist kein reibungsloser Straßenverkehr gewährleistet.

Auch im Raum der Gemeinde brauchen wir die Einordnung und Unterordnung aller, da ansonsten unser Zusammenleben nicht mehr funktioniert. Wenn sich z.B. niemand daran hält, eine Raumbelegung innerhalb unserer Gemeinde vorher abzustimmen, kann es passieren, dass zeitgleich mehrere Gruppen in einen Raum wollen und damit das Chaos perfekt ist.

Deshalb hat Gott einigen von uns die geistliche Gabe der Leitung geschenkt, zum Wohl der Gesamtgemeinde.

Volker Lehnert, Dezernent für theologische Aus- und Fortbildung der Evangelischen Kirche im Rheinland hat dazu während der Theologischen Woche 2005 in Ewersbach angemerkt: „Ein Leiter ist weder ein Moderator noch ein Guru. Ein Moderator leitet nicht und verfolgt keine eigenen Ziele, ein Moderator koordiniert. Ein Guru sucht Macht, hat lediglich sich selbst im Kopf und verfolgt ausschließlich selbstsüchtige Ziele. Ein Leiter bzw. eine Leiterin, ein Mensch in Führungsverantwortung also, hat immer die ihm/ihr anvertraute Gruppe und deren Wohl im Blick. Ein Leiter weiß: Meine Funktion ist wichtig, nicht ich. Es geht um meine Aufgabe, nicht um mich. Ein Guru ist ein „Führer" im negativen Sinne, der eine Gruppe auf seinen eigenen Weg zwingt. Ein Mensch in Führungsverantwortung leitet in einem positiven Sinne, indem er den Weg mit der und für die Gruppe sucht.

Leiten bedeutet also: Gestalten statt verwalten! Leiten bedeutet: Autorität in einem gesunden, wohlwollenden, partnerschaftlichen und fürsorglichen Sinne ausüben. Und leiten bedeutet: Macht durch Demut beschränken. Leiter zeichnen sich aus durch die innere Haltung: „Tue recht und scheue niemand" außer einen: Gott! Geistliche Leitung ist immer nur die vorletzte Instanz, die letzte Instanz ist Gott selbst.

Geistliche Leiter sind also immer „beschränkt", beschränkt nämlich in ihrer Machtbefugnis, Gott untergeordnet und ihm zur Rechenschaft verpflichtet. „Dein Wille geschehe", lehrt Jesus uns zu beten. Geistliche Leitung ist also immer demütige Leitung oder sie ist nicht geistlich. Geistliche Leitung übernimmt aber auch immer Führungsverantwortung oder sie ist nicht Leitung."[16]

So wie sich jeder von uns einzuordnen und unterzuordnen hat, haben Leiter sich im besonderen Maße einzuordnen und unterzuordnen. Wer es nie gelernt hat, sich in einer Gruppe einzuordnen und einem Leiter unterzuordnen, ist disqualifiziert für eine Leitungsaufgabe innerhalb der Gemeinde.

Denn Leitung ereignet sich lebenslang im Spannungsfeld zwischen Einordnung und Unterordnung. Grundsätzlich gilt für Leitung im christlichen Bereich, dass es dort aus biblischen und praktischen Erwägungen heraus niemals um die Leitung einer Einzelperson geht. Dem Neuen Testament ist der so genannte Einzelkämpfer zumindest immer suspekt (siehe 3. Johannes Vers 9 bis 10). Die kleinste Leitungseinheit, die Jesus selbst zusammengestellt hat ist die Zweiergruppe. Daneben werden Älteste im Neuen Testament immer im Plural genannt. Nirgendwo lesen wir von einem einzelnen Gemeindeleiter, der losgelöst von allen Anderen seine Führung ausübt.

Weil Leitung – nach dem Neuen Testament – grundsätzlich Teamarbeit bedeutet, kann ein geistlicher Leiter niemals einen autoritären Leitungsstil durchsetzen. Geistliche Leitung ereignet sich also grundsätzlich immer im Miteinander, und das bedeutet, dass sich jeder im Leitungsteam einordnet und eben auch immer wieder unter die Entscheidungen seiner Mitbrüder und Schwestern unterordnen muss. Dies betrifft alle Bereiche der Gemeinde, angefangen vom Ältestenkreis bis hin zum Kaffeetisch. Ich saß mit drei Frauen zusammen, um eine Kindersegnung zu planen. Jeder von uns hatte

-----
16: Theologische Impulse, Band 11, Zwischen Hirtendienst und Management, Bundes-Verlag Witten 2005, Seite 76 - 77

ganz bestimmte Vorstellungen, wie dieser Gottesdienst ablaufen sollte. Angefangen bei den Liedern bis hin zum Ablauf der einzelnen Punkte. Keiner von uns konnte autoritär seine Meinung durchsetzen. Wir haben gemeinsam einen Gottesdienst vorbereitet, und jeder von uns musste sich dabei einordnen und auch unterordnen. Ich hätte vieles ganz anders gemacht. Aber darum geht es nicht. Es ging darum, dass dies unser gemeinsam vorbereiteter und dementsprechend verantworteter Gottesdienst wird.

In meinem pastoralen Dienst innerhalb der Freien evangelischen Gemeinden und darüber hinaus in den übergemeindlichen Gremien auf Allianz- und ACK-Ebene habe ich es niemals anders erlebt, als dass sich jeder einzelne mit seiner Leitungsbeauftragung einordnen und auch immer wieder unterordnen musste.

Wer diese wichtige geistliche Disziplin nie gelernt hat, sollte um Himmels und um der Gruppe oder Gemeinde willen, niemals eine Leitungsverantwortung übertragen bekommen. Sie würde ihm in den Kopf steigen und fatale Auswirkungen für die Anvertrauten haben.

Effektive Leitung kann nur geschehen in der Spannung zwischen Einordnung und Unterordnung.

Sonst verkommt Leitung ganz schnell zur Diktatur der Gruppe und ist meilenweit von dem entfernt, was Jesus als Leitungsdienst beschrieben hat.

Ein Leiter hat genau genommen in vier verschiedene Richtungen zu leiten:

- diejenigen für die er Verantwortung übernommen hat
- links und rechts – kollegial - zu den Leitern im Team
- nach oben – beziehungsorientiert – zu Vorgesetzten
- und er muss sich selbst leiten und disziplinieren

Ein Führungsexperte erklärt, dass Leiter 50% ihrer Zeit mit Selbstmanagement verbringen müssen. Der Bestsellerautor von „Emotionale Intelligenz" „Daniel Goleman behauptet, dass sich außergewöhnliche Führungspersönlichkeiten von anderen abheben, weil sie ihre Stärken, ihre Grenzen und ihre Schwächen kennen."[17]

In dem Klassiker von 1968 „Verantwortung, Leitung, Dienst“ nennt Oswald Sanders als besondere Gefahren für Leiter:

- Stolz
- Geltungstrieb
- Eifersucht
- Popularität
- Unfehlbarkeit
- Unersetzlichkeit[18]

Nein, die Leitung einer Gruppe, eines Bereichs oder der Gesamtgemeinde ist kein „Job“, den man nebenbei auch noch eben machen kann, sondern eine verantwortungsvolle und zugleich die gesamte Person fordernde Aufgabe.

-----

17: Bill Hybels, Mutig führen, Gerth Medien Asslar 2002, Seite 206
18: Oswald Sanders, a.a.O., Seite 109 - 115

**Fragen zum persönlichen Weiterdenken:**

1. Wen habe ich zu „leiten“: ____________________

2. Wie verstehe ich mich als „Leiter“:
   ( ) Moderator ( ) Vorbild ( ) Führungskraft ( ) Sprecher
   oder: ____________________

3. Wie empfindet mich meine Gruppe als „Leiter“:
   ( ) unterstützend ( ) harmoniebedürftig
   ( ) konfliktscheu ( ) entscheidungsfreudig
   ( ) dominant ( ) herausfordernd
   oder: ____________________

4. Wem bin ich gegenüber als Leiter verantwortlich: ____________________

5. Wer gehört zu meinem „Leitungsteam“: ____________________

6. Bin ich ein guter Teamarbeiter:
   ( ) ja ( ) nein ( ) unsicher
   Weshalb? ____________________

7. Wie diszipliniert bin ich:
   ( ) gut ( ) ausreichend ( ) mangelhaft
   Weshalb? ____________________

   Wo sehe ich Defizite bei mir:
   ( ) Zeitmanagement ( ) geistliches Leben ( ) Finanzen
   oder: ____________________

   Kenne ich meine Stärken und Schwächen:
   ( ) ja ( ) nein ( ) unsicher

8. Wer kann mir dabei helfen, als Leiter zu wachsen: ____________________

9. Habe ich einen „Ratgeber“ (Supervisor), an den ich mich wenden kann:
   ( ) ja ( ) nein ( ) unsicher
   Bei **nein** oder **unsicher:** Weshalb nicht? ____________________

## Leitung im Spannungsfeld zwischen Vorbild und Versagen

Wenn Sie für die Kollekte eine Münze in die Hand nehmen – wobei ja ein Schein deutlich besser und auch leiser wäre – wissen Sie, dass jede Münze zwei Seiten hat: Auf der einen Seite befindet sich der entsprechende Geldwert und auf der Rückseite ein Symbol oder eine Abbildung mit der jeweiligen Jahreszahl. Bei den deutschen Euromünzen finden Sie bei der Jahreszahl noch einen Buchstaben der Prägestätte:

A = Berlin

D = München

F = Stuttgart

G = Karlsruhe

J = Hamburg

An diesen fünf Orten werden in Deutschland unsere Münzen geprägt.

Auch wenn in den Prägestätten heute Walzen und Prägehämmer vollautomatisch laufen, basiert die Münzprägung seit 2000 Jahren auf dem gleichen Prinzip: Man graviert zunächst in einen Unterstempel ein Bildnegativ ein. Man legt ein Stück Metall *(Gold, Silber, Kupfer oder Legierungen)* auf den Unterstempel. Das Metallklümpchen hält man mit einem Festhaltemeißel fest und schlägt es mit einem Hammer in den Unterstempel hinein. In dem Festhaltemeißel ist ebenfalls ein Bild eingraviert. Dieses Bild nennt man die Rückseite oder das Revers einer Münze.[19]

Mit diesem Unterstempel – dem „Typos“ – ist genau das gemeint, was Paulus dem jungen Pastor Timotheus ins Stammbuch schreibt, 1. Timotheus 4, Vers 12 (Neues Leben): *Niemand soll dich gering schätzen, nur weil du jung bist. Sei allen Gläubigen ein Vorbild in dem, was du lehrst, wie du lebst, in der Liebe, im Glauben und in der Reinheit.*

Das Wort „Vorbild“ – Typos - ist wie dieser prägende Unterstempel. Nur dass

-----

19: © http://de.wikipedia.org/wiki/Münzprägung

Timotheus keine Münzen, sondern Menschen prägen soll. Deshalb heißt es auch in der Präambel der Wahlordnung unserer Gemeinde: „Älteste sollen »Modell« für das Leben mit Jesus Christus sein. Man soll sich an einem Ältesten orientieren können. Sein Lebensstil und seine Persönlichkeit sollen Mut zum Glauben machen und ansteckend wirken."[20]

Was für Älteste und Pastoren in besonderem Maße gilt, gilt grundsätzlich für jeden leitenden Mitarbeiter in der Gemeinde.

Ob Hauskreisleiter oder Jugendleiter, ob Gottesdienstleiter oder Ältester: Jeder Leiter übt – ob er will oder nicht – eine prägende Vorbildfunktion aus. Die Gruppenmitglieder orientieren sich am jeweiligen Gruppenleiter. So prägt ein Leiter die geistliche Atmosphäre seiner Gruppe. Er nimmt – bewusst oder unbewusst – Einfluss auf ihr Gebetsleben und die Art und Weise, wie die einzelnen Teilnehmer ihren Glauben praktisch ausleben.

An jeden leitenden Mitarbeiter, ob er den Redaktionskreis des Gemeindebriefes leitet oder den Kaffeetisch, an jedem Leiter wird bewusst oder unbewusst Maß genommen.

Leitende Mitarbeiter sind immer prägende Vorbilder im Guten wie im Schlechten. Dabei spielt nicht nur unser „Reden" eine prägende Rolle, sondern vor allen Dingen unser Leben. Die Art und Weise, wie wir Beziehungen leben, wie wir unserem Glauben Ausdruck verleihen und wie wir es mit der Selbstbeherrschung halten.

In diesen fünf Bereichen soll nicht nur der junge Pastor Timotheus vorbildhaft prägend auf andere wirken, sondern jeder leitende Mitarbeiter prägt durch:

- das, was und wie er es sagt
- wie er lebt
- wie er seine Beziehungen gestaltet
- wie er seinem Glauben Ausdruck verleiht
- ob er selbstbeherrscht oder nach Lust und Laune lebt

-----

20: Wahlordnung der Freien evangelischen Gemeinde Krefeld vom 3. Juni 1995

Madonna – die Queen of Pop – begeisterte 38.000 Menschen in der Düsseldorfer LTU Arena. Zwei Tage vorher faszinierte das Idol Oliver Kahn 69.000 Zuschauer in der Münchner Arena. Auch Politiker können zum Idol werden. Auch der Dalai Lama gilt vielen als Idol. Daneben ist Mutter Teresa wohl eher ein Vorbild für praktizierte Nächstenliebe.

Vielleicht kann man sagen:

- Ein Idol ist wie eine Sackgasse
- Ein Vorbild ist wie ein Wegweiser

Ein Idol himmelt man an und bewundert es. Ein Vorbild hat einen nachhaltig prägenden Einfluss auf unser Leben. Das Wort „Idol" verdanken wir übrigens dem lateinischen Wort für „Abgott", welches wiederum auf das griechische Wort für „Götzenbild" zurückgeht.

Auch prominente Christen, populäre Anbetungsleiter und selbst leitende Mitarbeiter der Gemeinde können als Idol missbraucht werden oder als wegweisendes Vorbild angesehen werden.

An dieser Stelle wird bereits die Tatsache bedeutsam, dass jede Münze zwei Seiten hat. Auch und gerade der notwendig prägende Vorbildcharakter leitender Mitarbeiter kann zu einem unreflektierten Fanverhalten verkommen. Aber leitende Mitarbeiter haben keine Fans zu sammeln, sondern Christen positiv zu prägen. Paulus bezeichnet das als Ziel seiner Arbeit, Kolosserbrief 1, Vers 28b (Hoffnung für alle): *damit jeder einzelne zu einem reifen, mündigen Christen wird.* und Epheser 4, Vers 13 (Hoffnung für alle): *Wir sollen zu mündigen Christen heranreifen, zu einer Gemeinde, in der Christus mit der ganzen Fülle seiner Gaben wirken kann.*

Idole sammeln Fans. Vorbilder prägen und erziehen - wie gute Eltern ihre Kinder - Christen zur Selbstständigkeit und Mündigkeit.

Deshalb sind von Gott begabte und berufene Leiter auch immer daran zu erkennen, dass sie irgendwann anfangen, neue Leiter heranzubilden und zuzurüsten.

Idole machen abhängig. Vorbilder machen mündig.

Mit der Vorbildfunktion leitender Mitarbeiter ist natürlich unausgesprochen – und manchmal auch sehr deutlich angesprochen – ein entsprechender Erwartungsdruck verbunden. Je größer dabei der Leitungsbereich ist, desto höher sind auch die Erwartungen.

Ich habe mehr als einmal bei unterschiedlichsten Gelegenheiten erleben müssen, wie unbewusste – so genannte – Übertragungsmechanismen auf leitende Mitarbeiter und insbesondere auf Älteste und Pastoren angewandt wurden, getreu dem Motto: „mindestens die „Leitung" muss doch vollkommen und fehlerfrei sein!" Immer wieder passiert so etwas – was innerhalb der Psychologie – als klassische „Übertragung" bezeichnet wird. Man versucht das eigene Fehlverhalten und das normale menschliche Versagen zu kompensieren, indem man von seinen Leitern erwartet, dass sie doch zumindest fehlerlos und perfekt sind, für alles und jedes Verständnis haben und niemals ausrasten.

Peter Strauch hat auf den Herbsttagungen 2001 bei dem Thema „Von der Einsamkeit der Ältesten und Pastoren" gesagt: „Es ist ein verbreiteter Irrtum, dass sich vollmächtige und wirksame Leiter vor allem stark zeigen müssen. Auch ich bin mit diesem Irrtum in den Dienst gegangen. Ich hatte viel über die unterschiedlichsten Erwartungen in den Gemeinden gehört, und man hatte mir eingeprägt, wie wichtig es sei, all dem gewachsen zu sein. Selbstverständlich war ich das aber nicht, und je mehr ich diese Tatsache verbergen wollte, desto komplizierter wurde es. Heute weiß ich, dass es ganz und gar keine Schwäche ist, Schwäche zu zeigen. Je ehrlicher wir mit unseren Defiziten und mit unserer Schuld umgehen, desto mehr kann Gott von seiner Gnade in unser Leben legen.

Die Bibel zeigt uns auch die „großen" Männer und Frauen im Reich Gottes als Sünder, die Fehlentscheidungen treffen, an Gott und anderen schuldig werden und ihr Leben nur auf der Basis der Vergebung Gottes bewältigen können. Wenn wir das nicht lernen und weiter so tun, als hätten wir alles im Griff, manövrieren wir uns in eine Einsamkeit, die uns nicht nur von

Schwestern und Brüdern entfremdet, sondern vor allem auch von Gott."[21]
Magnus Malm merkt in seinem Buch dazu an: „Ein Durchbruch zu wirklicher Gemeinschaft ist erst dann möglich, wenn wir unsere Rüstungen wegwerfen und uns als die gebrechlichen Menschen begegnen, die wir doch sind. Wir glauben ja immer: Wenn die anderen sehen, wie es mit mir steht, wollen sie nichts mehr von mir wissen. Aber die Erfahrung zeigt, dass genaue Gegenteil: Erst wenn ich mit dem Versteckspiel aufhöre, kann tieferes Vertrauen wachsen; meine Schwachheit wird zu einer befreienden Tür für Gott und meine Freunde."[22]
Und Wolfgang Simson ergänzt noch in seinem kleinen wichtigen Büchlein „Gottes Megatrends": „Erlöste Freundschaften sind meiner Erfahrung nach die Basis, auf der man auch mal kräftig streiten kann – und sich anschließend umarmen, weil die Beziehung viel zu fest ist, um von lächerlichen Unterschiedlichkeiten im Glaubensbekenntnis zerbrochen zu werden. Die gelebte Liebe vollmächtiger Freunde ist nachweislich die explosivste Kraft, die Gott in diese Welt gesetzt hat."[23]
Verstehen wir? Gerade dann, wenn wir uns Schwäche nicht erlauben, werden wir geschwächt. Wenn wir meinen, vollkommen sein zu müssen, werden wir Fehler machen. Damit sind wir bei der zweiten Seite der Münze: Leitung im Spannungsfeld zwischen Vorbild und Versagen. Davon bin ich zutiefst überzeugt: Gerade indem wir als leitende Mitarbeiter offen mit unserem Versagen, unseren Begrenzungen und unserer Schuld umgehen, prägen wir vorbildhaft andere und erziehen sie zu geistlich mündigen Christen.
Ich war zutiefst berührt und beeindruckt, als ein Ältester aus einer Nachbargemeinde mir seinen mehrfachen Ehebruch beichtete. Dazu gehörte Mut.

-----
21: Theologische Impulse, Band 5, Die Leitung der Gemeinde, Bundes-Verlag Witten 2002, Seite 46
22: Magnus Malm, a.a.O., Seite 179 – 180
23: Wolfgang Simson, Gottes Megatrends, C & P-Verlag Emmelsbüll 1995, Seite 67

Ich war erstaunt und auch erschrocken über die Reaktionen auf meine Aussagen während diverser Evangelisationen, wo ich offen davon berichtete, dass es mir im Moment schwer fällt, an einen guten und liebenden Gott zu glauben. Was ich damals sagte, stimmte mit meinem Leben überein. Es ging mir geistlich überhaupt nicht gut, und ich fühlte mich wie Jeremia, der seinem Gott auch einmal sagte, Klagelieder 3, Vers 10 (Gute Nachricht): *Wie ein Bär hat er mir aufgelauert, wie ein Löwe in seinem Hinterhalt.*

Aber so kann ein Pastor doch nicht von der Kanzel reden und damit noch zu Jesus einladen wollen? Doch ich konnte nicht anders von Gott reden und fühlte mich zumindest von Jeremia verstanden, auch wenn manche Brüder und Schwestern mich nicht mehr verstehen konnten.

Unser Thema hat ganz existenziell mit unserem Gemeindeverständnis zu tun. Wenn wir die Gemeinde als Treffen der Vollkommenen und Sündlosen ansehen, müssen wir eine unendliche Energie aufwenden, um unser Versagen zu verdrängen, zu überspielen und auf andere zu schieben. Wenn wir die Gemeinde Jesu aber als das ansehen, was sie meines Erachtens nach dem Zeugnis des Neuen Testamentes ist: ein Krankenhaus, dann können wir miteinander ehrlich und zugleich barmherzig umgehen.

Wie sagte mal jemand: „Christen sind kranke Leute, wie alle anderen auch! Und sie müssen immer wieder ins Hospital, um sich heilen zu lassen und sie nehmen ihre Freunde mit, dass sie auch diese Heilung erleben. Christen werden erst im Sarg gesund!“

Ein Pfarrer fragt im Religionsunterricht: „Was müssen wir tun, damit Gott uns unsere Sünden vergibt?“ Da meldet sich Klein-Fritzchen: „Sündigen!, Herr Pfarrer.“

Martin Luther wird der Satz nachgesagt: „Sündige tapfer, doch tapferer glaube und freue dich in Christus, der Herr ist über Sünde, Tod und Teufel.“

Gerade wir Christen müssten offen mit unserem Versagen und unseren Fehlern umgehen können, weil wir bei Licht besehen doch alle von der Vergebung Christi leben.

Gott hat keine vollkommen Mitarbeiter berufen, sondern schuldverstrickte Versager. Wir brauchen nur an einen Petrus oder an einen David zu denken. Gott beruft Versager und keine Perfektionisten.
Johannes schreibt in seinem ersten Brief, 1. Johannes 1, Vers 8 (Einheitsübersetzung): *Wenn wir sagen, dass wir keine Sünde haben, führen wir uns selbst in die Irre, und die Wahrheit ist nicht in uns.*
Dass man sich darauf nicht ausruhen kann und die Sünde schön reden darf, macht Johannes in seinem dritten Kapitel klar. Versagen und schuldig werden ist auch für einen Christen normal. An der Schuld festhalten und die Sünde schönfärben steht aber auf einem ganz anderen Papier.
„Fehler sind dazu da, um gemacht zu werden!" Aber man muss denselben Fehler ja nun nicht ständig wiederholen. Man sollte aus seinen Fehlern lernen und daran reifen. Durch Versagen und Fehler braucht sich niemand entmutigen zu lassen. Deshalb sollten wir Fehler nicht als Versagen verbuchen, sondern „als Informationsquelle nutzen."[24]
Unsere Glühbirne z.B. hätten wir bis heute noch nicht, wenn Thomas Alva Edison (11.02.1847 - 18.10.1931) bei seiner Erfindung nicht bereit gewesen wäre, hunderte von Fehlern zu machen.
Wenn ich es lerne, mir Fehler einzugestehen, bedeutet dies zwangsläufig auch, dass ich es anderen erlaube, Fehler zu machen. Menschen, die sich gegenseitig zugestehen Fehler, machen zu dürfen, sind eine Gemeinschaft, die miteinander barmherzig umgeht. Das Zugeständnis, im Raum der Gemeinde, Fehler machen zu dürfen und dennoch das Beste für Gott zu geben, sind dabei kein Widerspruch!
Nicht unsere Vollkommenheit bringt uns in den Himmel, sondern unsere Ohnmacht vor dem Gekreuzigten. Jesus beginnt seine Bergpredigt nicht mit dem Satz: Selig sind die Perfekten, Sündlosen und Vollkommen, sondern er preist diejenigen glücklich, die zu ihren Fehlern stehen und um ihre

-----
24: © Fritz Jansen & Uta Streit, Positiv lernen, Springer Medizin Verlag Heidelberg 2006[2], Seite 9

Sündhaftigkeit wissen, Matthäus 5, Vers 3 (Hoffnung für alle): *Glücklich sind, die erkennen, wie arm sie vor Gott sind, denn Gottes Herrschaft und Herrlichkeit gehört ihnen.*

Wahrscheinlich wird keiner in seiner Geldbörse Münzen aus nur einer Prägeanstalt haben. Genauso wie unsere Münzen an fünf unterschiedlichen Standorten in Deutschland geprägt wurden, sind wir als Christen in unseren unterschiedlichsten Lebenslagen von verschiedenen Menschen geprägt worden. Von Menschen mit Stärken und Schwächen, mit Gaben und Grenzen und auch mit Schuld und Versagen.

Einer, der mich am Anfang meines Glaubens positiv und nachhaltig geprägt hat, brach als über 60jähriger aus seiner Ehe aus, begann eine Affäre mit einer 20jährigen, die ihn für einen Propheten hielt. Völlig abgedreht und zutiefst tragisch. Aber seinen Stempel hat er mir trotz seines Versagens aufgedrückt. Auch prägende, leitende Mitarbeiter sind Menschen! Menschen, mit Fehlern und Schwächen, Menschen, die schuldig werden und versagen. Menschen, die schwach sind und wie alle anderen Christen auf die Vergebung Gottes lebenslang angewiesen bleiben. Auch Älteste leben von der Gnade Gottes!

Nachdem Paulus die Ältesten von Ephesus in ihrem Leitungsauftrag bestärkte, befiehlt er sie zum Schluss der Gnade Gottes an, Apostelgeschichte 20, Vers 32 (Hoffnung für alle): *Und nun vertraue ich euch Gottes Schutz an und dem Wort seiner Gnade. Er allein hat die Macht, euern Glauben wachsen zu lassen und euch das Erbe zu geben, das er seinen Kindern zugesagt hat.*

2005 erschien im Neufeld-Verlag ein interessantes Buch: „Erfahrungen im geistlichen Dienst – wenn ich noch einmal anfangen könnte".

Die Heilsarmeeoffizierin Christine Schollmeier schreibt dabei rückblickend: „Was hätte ich anders gemacht? Nichts? Alles? Ich wäre wieder Heilsarmeeoffizierin geworden. Die lockere, praktische Art passt besser zu mir, als ich am Anfang geglaubt habe. Ich hätte den gleichen schmucken

Leutnant geheiratet, mit dem ich seit 35 Jahren Gott diene. Ich bereue nicht mehr, dass ich nicht „richtig“ studiert habe. Das kann vielleicht im Ruhestand kommen. Aber ich hätte mehr auf mein geistliches Leben, auf meine Liebesbeziehung zu Jesus achten sollen. Ich hätte mehr beten und weniger tun sollen. Aber ich habe einen gnädigen Herrn, einen liebevollen Vater, der die zweite und die dritte und die x-te Chance gibt. Ich liebe ihn dafür.“[25]

-----

25: David Neufeld, Erfahrungen im geistlichen Dienst, Neufeld Verlag Schwarzenfeld 2005, Seite 141

**Fragen zum persönlichen Weiterdenken:**

1. An wem habe ich mich als junger Mensch orientiert: ______________________
   Weshalb: ______________________
   Wer hat mich nachhaltig positiv geprägt: ______________________
   Wer hat mich negativ beeinflusst: ______________________

2. Wie ist mein „Vorbild" mit Schuld und Versagen umgegangen:
   ______________________
   Was hat mir dabei geholfen: ______________________
   Was hat mich verunsichert: ______________________
   Was habe ich davon in mein Leben übernommen: ______________________

3. An wem orientiere ich mich heute: ______________________
   Weshalb: ______________________

4. Wie gehe ich mit offensichtlichen Fehlern dieser Person um:
   ______________________
   Welchen Einfluss hat das auf mein Leben: ______________________

5. Wie gehe ich persönlich mit Fehlern und Versagen um:
   ______________________
   Weshalb: ______________________

6. Habe ich einen Seelsorger (Mentor, Coach), mit dem ich über mein Versagen rede:
   (   ) ja (   ) nein (   ) unsicher
   Bei **nein** oder **unsicher:** Weshalb nicht? ______________________

7. Ist mir bewusst, dass ich in meinem Verantwortungsbereich andere Menschen präge:
   (   ) ja (   ) nein (   ) unsicher
   Was macht diese Tatsache mit mir: ______________________

8. Fühle ich mich einem Erwartungsdruck ausgesetzt? (   ) ja (   ) nein
   Von wem: ______________________
   Was wird von mir erwartet: ______________________
   Wie gehe ich damit um: ______________________

9. Kann ich mir vorstellen „ein geistlicher Vater" / „eine geistliche Mutter" zu sein:
   (   ) ja (   ) nein (   ) unsicher
   Weshalb: ______________________

## Leitung im Spannungsfeld zwischen Verantwortung und Delegation

Ein Parteivorsitzender hatte zwar bereits deutlich die Kanzlerkandidatur delegiert, aber er fühlte sich durch die Art und Weise der Berichterstattung geradezu entmachtet und damit von „seinem Thron gestoßen". So nahm er kurzerhand das Zepter wieder selbst in die Hand und schadete damit seiner Partei nachhaltig.

Dieses negative Beispiel hat ganz viel mit dem Thema „Leitung im Spannungsfeld zwischen Verantwortung und Delegation" zu tun.

Wenn eine Aufgabe delegiert wird, muss damit auch die Verantwortung weitergegeben werden. Ansonsten züchtet man verantwortungslose Befehlsempfänger heran, die weder kreativ noch eigenständig denken oder handeln, sondern lediglich das ausführen, was ihr jeweiliger Chef anordnet. Das nennt man „Dienst nach Vorschrift".

So schreibt Oswald Sanders zurecht: „Wer Aufgaben nicht abgeben kann, steckt ständig in einem Gewirr zweitrangiger Forderungen, die ihn nicht nur überlasten, sondern auch von seinen Hauptpflichten ablenken."[26]

Nicht das Bild einer Partei mit seinen Flügeln und hierarchischen Strukturen skizziert die Gemeinde Jesu, sondern viel eher das Bild einer Fußballmannschaft auf Augenhöhe auf dem Spielfeld. Da wird erstens jeder entsprechend seinen Fähigkeiten eingesetzt. Da wird zweitens von keinem eine „Universalrolle" erwartet. Der Torwart z.B. bleibt in seinem Tor und der Stürmer im Sturm. Keiner würde vom Torwart ebenfalls ein Verteidigungs- oder gar ein Angriffsspiel erwarten.

Als Otto Rehnagel die griechische Fußballmannschaft zur Europameisterschaft 2004 geführt hatte, wurde er in einem Fernsehinterview nach seinem Geheimrezept gefragt. Er antwortete sinngemäß: „Bevor ich kam, machte jeder, was er wollte. Als ich kam, habe ich dafür gesorgt, dass

-----

26: Oswald Sanders, a.a.O., Seite 98

jeder tat, was er konnte."[27]

Eine bessere Auslegung von 1. Korinther 12 ist kaum denkbar. Damit ist zugleich die Aufgabe des Leiters und Trainers beschrieben: Er hat seine Mitarbeiter an den passenden Platz zu stellen und sollte ihnen dabei auch etwas zutrauen.

Michael Herbst, Professor für Praktische Theologie an der Ernst-Moritz-Arndt-Universität in Greifswald sagte in seinem viel beachteten Vortrag „Zwischen Pastorenkirche und Führungsschwäche" beim Willow-Creek-Kongress im November 2006 in Bremen:

„Die Realitäten in deutschen Gemeinden sehen leider anders aus:

- Es herrscht eine Art „Tribünenmentalität" vor
- Gemeinden delegieren ihr geistliches Leben an den Vollamtlichen
- Dabei verkommt die „eierlegende Wollmichsau" zum „armen Schwein"
- Führung bedeutet nicht, dass wir alles richtig machen, sondern das Richtige machen!
- Gute Führungskräfte sind starke „Bettler"
- Wer nicht träumt, bittet und ermutigt, ist führungsschwach!"[28]

Zum Glück hat Michael Herbst als Pfarrer und Kenner der Evangelischen Volkskirche gesprochen. Wobei sich davon aber auch vieles in unseren Freikirchen wiederfinden dürfte.

Damit ist aber deutlich das neutestamentliche Verständnis von Nachfolge Jesu und Christsein karikiert und auf den Kopf gestellt. Die Mitglieder der Gemeinde Jesu sind nicht dazu da, ihre Mannschaft von der Tribüne aus anzufeuern und je nach Spiel zu loben oder zu zerreißen, sondern sie sind laut 1. Korinther 12 entsprechend ihren Gaben zum aktiven Mitspielen in der Mannschaft aufgerufen.

Dabei sollen sie von ihren entsprechenden Leitern gefördert und unterstützt werden, so dass sie immer mehr in die Verantwortung hineinwachsen.

-----

27: Theologische Impulse, Band 11, a.a.O., Seite 94

28: Mitschrift vom Willow-Creek Leitungskongress 2006, Geistlich leiten – auf klarem Kurs, Bremen

## 1. Biblische Eckdaten

Die Bibel unterstreicht diese Tatsache an vielen Stellen. Zwei klassische Texte zum Thema „Verantwortung delegieren“ finden wir in 2. Mose 18, Vers 14 bis 26 (Einheitsübersetzung): *Als der Schwiegervater des Mose sah, was er alles für das Volk zu tun hatte, sagte er: Was soll das, was du da für das Volk tust? Warum sitzt du hier allein und die vielen Leute müssen vom Morgen bis zum Abend vor dir anstehen? Mose antwortete seinem Schwiegervater: Die Leute kommen zu mir, um Gott zu befragen. Wenn sie einen Streitfall haben, kommen sie zu mir. Ich entscheide dann ihren Fall und teile ihnen die Gesetze und Weisungen Gottes mit.*

*Da sagte der Schwiegervater zu Mose: Es ist nicht richtig, wie du das machst. So richtest du dich selbst zugrunde und auch das Volk, das bei dir ist. Das ist zu schwer für dich; allein kannst du es nicht bewältigen.*

*Nun hör zu, ich will dir einen Rat geben und Gott wird mit dir sein. Vertritt du das Volk vor Gott! Bring ihre Rechtsfälle vor ihn, unterrichte sie in den Gesetzen und Weisungen und lehre sie, wie sie leben und was sie tun sollen. Du aber sieh dich im ganzen Volk nach tüchtigen, gottesfürchtigen und zuverlässigen Männern um, die Bestechung ablehnen. Gib dem Volk Vorsteher für je tausend, hundert, fünfzig und zehn! Sie sollen dem Volk jederzeit als Richter zur Verfügung stehen. Alle wichtigen Fälle sollen sie vor dich bringen, die leichteren sollen sie selber entscheiden. Entlaste dich und lass auch andere Verantwortung tragen! Wenn du das tust, sofern Gott zustimmt, bleibst du der Aufgabe gewachsen und die Leute hier können alle zufrieden heimgehen. Mose hörte auf seinen Schwiegervater und tat alles, was er vorschlug.*

*Mose wählte sich tüchtige Männer in ganz Israel aus und setzte sie als Hauptleute über das Volk ein, als Vorsteher für je tausend, hundert, fünfzig und zehn. Sie standen dem Volk jederzeit als Richter zur Verfügung. Die schwierigen Fälle brachten sie vor Mose, alle leichteren entschieden sie selber.*

und Apostelgeschichte 6, Vers 1 bis 7 (Einheitsübersetzung): *In diesen Tagen, als die Zahl der Jünger zunahm, begehrten die Hellenisten gegen die Hebräer auf, weil ihre Witwen bei der täglichen Versorgung übersehen wurden. Da riefen die Zwölf die ganze Schar der Jünger zusammen und erklärten: Es ist nicht recht, dass wir das Wort Gottes vernachlässigen und uns dem Dienst an den Tischen widmen. Brüder, wählt aus eurer Mitte sieben Männer von gutem Ruf und voll Geist und Weisheit; ihnen werden wir diese Aufgabe übertragen. Wir aber wollen beim Gebet und beim Dienst am Wort bleiben. Der Vorschlag fand den Beifall der ganzen Gemeinde, und sie wählten Stephanus, einen Mann, erfüllt vom Glauben und vom Heiligen Geist, ferner Philippus und Prochorus, Nikanor und Timon, Parmenas und Nikolaus, einen Proselyten aus Antiochia. Sie ließen sie vor die Apostel hintreten und diese beteten und legten ihnen die Hände auf. Und das Wort Gottes breitete sich aus und die Zahl der Jünger in Jerusalem wurde immer größer; auch eine große Anzahl von den Priestern nahm gehorsam den Glauben an.*

Im ersten geht es um die Aufgaben- und Verantwortungsteilung des Mose und im zweiten um die Einsetzung von Armenpflegern in der rasch wachsenden jungen Gemeinde Jesu. In beiden Fällen soll der jeweilige Verantwortungsbereich einerseits von Mose und anderseits von den Aposteln mit anderen begabten und befähigten leitenden Mitarbeitern geteilt werden. Diese beiden Texte beschreiben geradezu klassisch, weshalb Leitung auf mehrere Schultern verteilt werden muss.

Daneben wird in Epheser 4 die Leitungsaufgabe als klassische Trainingsaufgabe an der Mannschaft beschrieben, Epheser 4, Vers 11 bis 13 (Hoffnung für alle): *Einige hat er beauftragt, Gemeinden zu gründen, einige reden in Gottes ausdrücklichem Auftrag, und andere gewinnen Menschen für Christus. Wieder andere leiten die Gemeinde oder unterrichten sie in Gottes Wort. Sie alle sollen die Christen für ihren Dienst ausrüsten, damit die Gemeinde Jesu aufgebaut und vollendet werden kann. Wenn das geschieht, werden wir im Glauben immer mehr eins werden und Jesus Christus, den*

*Sohn Gottes, immer besser kennenlernen. Wir sollen zu mündigen Christen heranreifen, zu einer Gemeinde, in der Christus mit der ganzen Fülle seiner Gaben wirken kann.*

Das Ziel ist dabei selbstständiges und mündiges Christsein. Nicht die „Tribünenmentalität" soll gefördert werden, sondern das selbstständige Leben und Handeln entsprechend der vorhandenen geistlichen Gaben in der Nachfolge Jesu Christi. So gibt Paulus als Mentor und Coach seinem jungen Mitarbeiter Timotheus für die Ausbildung leitender Mitarbeiter den Rat, 2. Timotheus 2, Vers 2 (Einheitsübersetzung): *Was du vor vielen Zeugen von mir gehört hast, das vertrau zuverlässigen Menschen an, die fähig sind, auch andere zu lehren.*

Leiter zeichnen sich also immer dadurch aus, dass sie sich in andere investieren, sie unterstützen und fördern. Dabei kann man natürlich nur die unterstützen und fördern, die von der Zuschauerbank auch ins Spielfeld treten.

## 2. Unterschiedliche Führungsstile

Hierbei gibt es grundsätzlich vier unterschiedliche Führungsstile, wie Ken Blanchard im „Minuten-Manager" schreibt:

„Stil 1: Lenken

Der Leiter gibt präzise Anweisungen und beaufsichtigt gewissenhaft die Durchführung der Aufgabe.

Stil 2: Anleiten

Der Leiter lenkt und überwacht auch weiterhin gewissenhaft die Durchführung der Aufgabe, bespricht aber seine Entscheidungen mit den Mitarbeitern, bittet sie um Vorschläge und unterstützt ihre Fortschritte.

Stil 3: Unterstützen

Der Leiter fördert und unterstützt die Mitarbeiter bei der Durchführung der Aufgabe und teilt die Verantwortung für die zu fällenden Entscheidungen mit ihnen.

Stil 4: Delegieren

Der Leiter überträgt den Mitarbeitern die Verantwortung für die zu fällenden Entscheidungen und die zu lösenden Probleme."[29]

Laut Ken Blanchard sind die häufigsten Fehler beim Anleiten von Mitarbeitern und Begleiten neuer Leiter, dass lediglich dirigiert oder delegiert wird – also der erste und der letzte Führungsstil angewandt wird. Aber Mitarbeiter müssen für ihre Aufgaben befähigt werden. Deshalb müssen sie auch angeleitet und unterstützt werden.

Das Wort „ausrüsten" in Epheser 4, Vers 12 bedeutet auch „ordnen, gründen, bereiten". Der Grundtenor liegt dabei auf der Bedeutung „angemessen machen, passend machen".[30]

Es geht also um die Befähigung, selbstständig, mündig und mehr und mehr eigenverantwortlich in der Nachfolge Jesu aktiv zu werden.

Genauso, wie es in der Erziehung nicht die eine für alle Kinder passende Erziehungsmethode gibt, gibt es auch nicht den einen richtigen Führungsstil für alle. Der Führungsstil muss sich der jeweiligen Person und auch der Situation anpassen.

Wenn ein Feuer ausbricht, machte es wenig Sinn Kleingruppen zu bilden, um eine Lösung zu erarbeiten. Dann braucht es einen, der direktiv sofort den Weg nach draußen weist.

-----

29: Blanchard/Zigarmi, Der Minutenmanager: Führungsstile, Rowohlt Verlag Hamburg 2000[5], Seite 32

30: Theologisches Begriffslexikon zum Neuen Testament, Band II, Brockhaus Verlag Wuppertal 1979[2], Seite 1048

Man kann auch vier Phasen unterscheiden, um Mitarbeiter anzuleiten:

- Phase 1: Ich tue etwas, und du schaust mir dabei zu
- Phase 2: Ich tue etwas, und du hilfst mir dabei
- Phase 3: Du tust etwas, und ich helfe dir dabei
- Phase 4: Du tust etwas, und ich beobachte dich dabei

Volker Lehnert, Dezernent für theologische Aus- und Fortbildung der Evangelischen Kirche im Rheinland hat während der Theologischen Woche 2005 in Ewersbach die unterschiedlichsten Führungsstile komprimiert wie folgt dargestellt:

- Der 3-K-Führungsstil:
  kommandieren – kontrollieren – korrigieren
- Der 3-F-Führungsstil:
  fordern – fördern – feedbacken

„Eigentlich dürfte es keine Frage sein," - schreibt er – „dass für eine geistliche Leitungsstruktur innerhalb der evangelischen Abteilung des Leibes Christi nur ein solch kollegialer und geschwisterlicher Führungsstil in Frage kommen kann."[31]

Dabei deckt sich der 3-F-Führungsstil auffallend mit dem von Blanchard beschriebenen „Lenken, anleiten und unterstützen". Allerdings wird es dabei dennoch auch immer wieder notwendig werden, Verantwortung letztlich ganz zu delegieren und Mitarbeiter in die verantwortliche Selbstständigkeit zu führen.

## 3. Notwendige Kommunikation

Der Mitarbeiter soll mehr und mehr von der Abhängigkeit in die Unabhängigkeit, von der Unmündigkeit in die Mündigkeit und von der Unselbstständigkeit in die Selbstständigkeit begleitet und geführt werden.

Dabei spielen Lob und Kritik eine immens wichtige Rolle. Sie sind das

-----

31: Theologische Impulse, Band 11, a.a.O., Seite 90

notwendige Feedback, dass jeder von uns braucht. Wir sollten daraufhin einmal die biblischen Briefe des Paulus genau studieren. Bis auf den Galaterbrief beginnt er jeden seiner Briefe mit einer lobenden Erwähnung. Dabei scheut er auch keinesfalls davor zurück, notwendige Kritik angemessen anzubringen.

Ken Blanchard wies im November 2000 in Düsseldorf darauf hin, wie wichtig Lob und Kritik in der Mitarbeiterbegleitung sind:

„Lob:

- Fortschritte loben!
- Präzise loben!

Kritik:

- Umgehend
- Präzise
- Gefühle äußern
- Bestätigung des Menschen

Man sollte keinen Anfänger kritisieren!

- weil man ihn ja nicht bestätigen kann!
- einen Anfänger kann Kritik zerstören!“[32]

An dieser Stelle muss leider auch erwähnt werden, dass berechtigte Kritik immer mit der betreffenden Person direkt und nicht mit Dritten besprochen werden muss. Aus verständlichen Gründen scheuen viele von uns die direkte Konfrontation und sprechen negativ mit Dritten über andere. Dies ist aber weder hilfreich noch geistlich, sondern im höchsten Grade zerstörerisch. Berechtigte Kritik muss möglichst umgehend und präzise in einem Vier-Augen-Gespräch lediglich mit der betroffenen Person besprochen werden.

Manchmal wurde ich auf Dinge angesprochen, die ich gesagt oder getan habe und die in den Augen der betreffenden Person falsch waren. Das Problem mit der berechtigt angebrachten Kritik war allerdings, dass die

-----

32: Mitschrift vom Willow-Creek Leitungskongress 2000, Geistlich leiten..., Düsseldorf

Sachen schon Monate und manchmal auch ein halbes Jahr zurücklagen und ich mich beim besten Willen nicht mehr erinnern konnte.

Berechtigte Kritik muss umgehend erfolgen, sonst wird aus einer Mücke schnell ein Elefant.

Volker Lehnert gab während der Theologischen Woche 2005 in Ewersbach noch folgende wichtige Hinweise weiter:

„Das wichtigste Prinzip „Wertschätzung"

Leiter teilen Wertschätzung aus, vor allem vor Dritten. Lob und Anerkennung sollten im christlichen Bereich selbstverständliche Umgangsformen sein, sind es aber leider nicht.

Unangenehme Dinge sind immer „Chefsache"

„Alpha-Tiere" scheuen keine Entscheidungen, schon gar keine, die nur sie selbst fällen können. Zu langes Zögern schwächt die Autorität, das Vorschicken von Mitarbeitern bei unangenehmen Missionen zerstört sie. Gute Leiter spüren, wann sie persönlich aus der Deckung kommen müssen.

Schützen Sie Ihr Team nach außen

Leiter übernehmen sowohl die Verantwortung für Fehler ihrer Mitarbeiter als auch deren Schutz im Falle der Anfeindung. Kritische Gespräche unter vier Augen sind natürlich unabdingbar, das dort Besprochene verbleibt aber grundsätzlich im geschützten Raum.

Grundsätzlich gilt: Angegangen wird immer zuerst das Problem, niemals die Person.

Geduld entwickeln

Geistliche Leitung ist immer auch eine Frage der Geduld. Geduld mit Menschen und ihren Schwächen, Geduld mit schwierigen Leuten, Geduld mit sich selbst. Alles hat seine Zeit (Prediger 3) und alles braucht seine Zeit."[33]

Und Oswald Sanders merkt noch an: „Haben Mitarbeiter keinen Erfolg, dann rechne es der Leiter sich selbst zu, denn er hat sie für ihre Aufgaben

-----

33: Theologische Impulse, Band 11, a.a.O., Seite 98 - 100

bestimmt. Mitarbeiter sollten sich bei jeder Handlung, die sie tun zu müssen glauben, der Unterstützung ihres Leiters völlig gewiss sein, solange sie innerhalb der Grenzen ihrer Befugnisse gehandelt haben, ganz gleich, wie das Ergebnis ausfallen mag. Dies setzt voraus, dass die Verantwortungsbereiche klar abgesteckt und schriftlich festgehalten worden sind, so dass keine Missverständnisse entstehen können. Dadurch, dass das versäumt wurde, sind viele unglückliche Situationen entstanden."[34]

## 4. Verantwortliche Rechenschaft

„Delegation muss immer unmissverständlich und begrenzt sein. Welche Aufgaben müssen erfüllt werden? Von wem? Bis wann? Welche Kompetenzen und Verantwortlichkeiten gehen auf wen über – und welche nicht?"[35]

Daneben muss aber auch klar sein, wer ist wem gegenüber verantwortlich und damit auch zur Rechenschaft verpflichtet. Unsere Gemeindeordnung ist da eindeutig: „Die Gemeindeleitung hat die Gemeinde geistlich zu führen, seelsorgerlich zu betreuen und organisatorisch zu leiten.

Die Gemeindeversammlung entscheidet über alle für das Gemeindeleben wichtigen Angelegenheiten."[36]

Die Gemeindeversammlung entscheidet über alle wichtigen Angelegenheiten, die Gemeindeleitung hat die Aufgabe zu führen und zu leiten. Damit hat die Gemeindeleitung gegenüber der Gemeindeversammlung Rechenschaft abzulegen, denn sie lebt vom Vertrauen der Gemeinde. Wenn die Gemeinde kein Vertrauen mehr zu ihrer Leitung hat, muss sie die Leitung abwählen und eine neue Leitung berufen.

In der praktischen Gemeindearbeit kann aber niemand einer „nebulösen" Gemeindeversammlung gegenüber verantwortlich sein, sondern immer nur

-----

34: Oswald Sanders, a.a.O., Seite 98 - 99
35: Theologische Impulse, Band 11, a.a.O., Seite 95
36: Gemeindeordnung der Freien evangelischen Gemeinde Krefeld vom 14. Februar 1982

konkreten Menschen. Deshalb besteht die Gemeindeleitung aus einem gleichberechtigtem Team, das miteinander verantwortlich ist und sich gleichzeitig auch gegenüber Rechenschaft abgibt. Daneben ist jeder leitende Mitarbeiter der Gemeindeleitung gegenüber verantwortlich. Auch die Diakone bzw. Bereichsleiter sind gegenüber der Gemeindeleitung verantwortlich. Alles andere wird praktisch nicht funktionieren.
Dabei geht es nicht um eine Rangordnung – um ein Oben und Unten - sondern um eine funktionierende Rechenschafts- und Verantwortungsebene. Dass wir als Leiter und Mitarbeiter letztlich alle Gott verantwortlich sind, steht dabei außer Frage.

## 5. Funktionierende Teamarbeit

Patrick Lencioni, der sich auf Organisationsentwicklung und die Beratung von Führungskräften spezialisiert hat, hat im Februar 2008 in Oberhausen deutlich gemacht, dass es fünf grundlegende Fehlfunktionen in Teams geben kann:

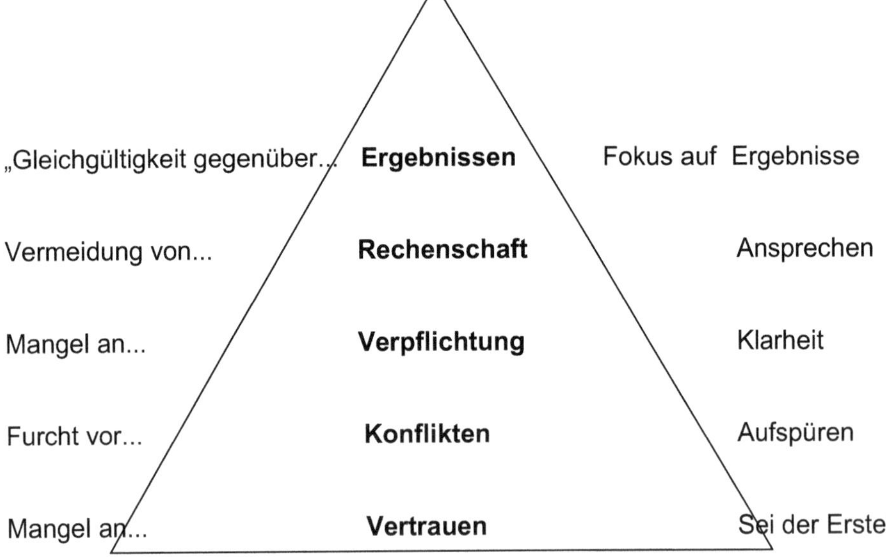

1. Fehlen von Vertrauen

Die Furcht, sich im Team verletzbar zu machen, verhindert das Entstehen von Vertrauen im Team. Eine Person, die in einem Team nicht offen ist, „vergiftet" das ganze Team

2. Furcht vor Konflikten

Der Wunsch nach künstlicher Harmonie verhindert das Entstehen von konstruktiven, produktiven inhaltlichen Konflikten und Auseinandersetzungen. Ein Team braucht den Mut, Konflikte auszutragen

3. Mangel an Verpflichtung

Der Mangel an Klarheit oder innerer Zustimmung verhindert, dass Teammitglieder sich an die getroffenen Absprachen halten.

4. Vermeidung von Rechenschaft

Der Wunsch, zwischenmenschliches Unwohlsein zu vermeiden, hindert die Teammitglieder daran, einander Rechenschaft für ihr Verhalten und ihre Leistung abzulegen.

5. Gleichgültigkeit gegenüber den Ergebnissen

Das Verfolgen von individuellen Zielen und persönlichem Status untergräbt den Fokus auf kollektivem Erfolg."[37]

Seit dem ich mit 17 Jahren Christ wurde, habe ich die unterschiedlichsten geistlichen Leiter erlebt und erlitten. Leiter, die mich ermutigten, unterstützten und herausforderten und Leiter, die mich erdrückten und klein hielten.

Wie sagte einmal jemand: „Die Leute müssen *mit* Ihnen arbeiten, niemals *für* Sie!"[38]

-----

37: Mitschrift vom Willow-Creek Leitungskongress 2008, Geistlich leiten – da, wo Sie sind, Oberhausen
38: Theologische Impulse, Band 11, a.a.O.,Seite 93

**Fragen zum persönlichen Weiterdenken:**

1. Wie erlebe ich Leitung:
   ( ) festgehalten ( ) verantwortungsvoll delegiert ( ) halbherzig delegiert

2. Was erwarte ich von der Gemeindeleitung:
   ________________________________________
   ________________________________________
   ________________________________________

3. Wie begründe ich diese Erwartungen: ____________________
   ________________________________________

4. Wie gehe ich als „Leiter“ mit den mir entgegengebrachten Erwartungen um?
   ________________________________________
   ________________________________________

5. Fällt es mir als Leiter leicht, Aufgaben mit der entsprechenden Verantwortung an andere zu delegieren?
   ( ) ja ( ) nein ( ) unsicher
   Bei **nein** oder **unsicher:** Weshalb nicht? ____________________

6. Fällt es mir als Leiter leicht, Verantwortung für meinen Bereich zu übernehmen?
   ( ) ja ( ) nein ( ) unsicher
   Bei **nein** oder **unsicher:** Weshalb nicht? ____________________

7. Wann habe ich Mühe damit, Verantwortung zu übernehmen?
   ________________________________________

8. Wann fällt es mir leicht, Verantwortung zu übernehmen?
   ________________________________________

9. Ermutige oder kritisiere ich eher meine Mitarbeiter?
   ________________________________________

10. Welcher Lernbereich in der „Mitarbeiterführung“ ist für mich derzeit dran?
    ________________________________________

## Leitung im Spannungsfeld zwischen Begabung und Begrenzung

Von Hansjürgen Weidlich stammt die schräge Geschichte „Begabt zu nichts," die durchaus mehr als ein Körnchen Wahrheit enthält.
Es ist die Geschichte eines Mannes, dem man als kleinem Jungen beibrachte, dass er nichts richtig machen kann. Nachdem er dies von seinem Vater immer wieder aufs Brot geschmiert bekam, sagten es ihm auch seine Lehrer. Als er schließlich sein eigenes Geld verdiente und seine Klamotten selber kaufte, hielt er sich endlich für frei und lebenstüchtig.
Dies änderte sich allerdings schlagartig nach seiner Hochzeit. Nun fühlte er sich wieder so unbegabt wie einst. Nichts konnte er seiner Frau recht machen. Nicht einmal baden konnte er laut seiner Herzallerliebsten richtig.
Auf der Straße traf unser Mann schließlich seinen Freund, der ebenfalls von seiner Frau als völlig untauglich fürs Leben abgestempelt wurde. Nachdem beide gegenseitig ihrem Herzen Luft gemacht hatten, fassten sich die gestandenen Männer an die Hand und sahen still und unbegabt vor sich hin."[39]
Da wollten wir uns engagieren und mitarbeiten und man sagte uns: „Dafür bist du noch zu jung", oder: „Dafür bist du schon zu alt", oder: „Davon verstehst du doch nichts", oder: „Überlass das mal besser anderen, die schon mehr Erfahrung haben!" - und mit der Zeit hielten wir uns dann selbst für unbegabt und wagten auch nichts mehr.

### 1. Allgemeines Priestertum - zwischen Theorie und Praxis

Ein Blick in das neue Testament kann unsere Einstellung verändern und falsche Festlegungen überwinden helfen.
1. Korinther 12 z.B. Nachdem Paulus die einzelnen geistlichen Gaben näher ausführt und bevor er das Bild vom menschlichen Leib mit den verschiedenen

-----
39: Hansjürgen Weidlich, Ich komme vom Mond, Agentur des Rauhen Hauses Hamburg 1983[7], Seite 115 - 117

Gliedern, die aufeinander angewiesen sind, skizziert, kommt er im Vers 11 auf etwas Grundlegendes zu sprechen, 1. Korinther 12, Vers 11 (Hoffnung für alle): *Dies alles bewirkt ein und derselbe Geist. Und so empfängt jeder die Gabe, die Gott ihm zugedacht hat.*

Ähnliches steckt in dem Gleichnis, das Jesus erzählt hat, Matthäus 25, Vers 14 bis Vers 27: Die drei Diener bekommen unterschiedlich viel Geld anvertraut, um damit zu wirtschaften.

Und Jesus sagt dazu im 15. Vers: *jedem nach seinen Fähigkeiten.*

Allein diese beiden Worte der Heiligen Schrift sollen genügen, um ein zweifaches geistliches Prinzip klarzustellen:

1. Es gibt keinen unbegabten Christen!
2. Es gibt bei Gott keine Gleichmacherei, sondern individuelle Zuordnungen!

Deshalb unterscheidet das Neue Testament auch nicht zwischen „Laien" und „Geistlichen" oder zwischen „Zuschauern" und „Spielern", sondern betont, dass alle Christen geistbegabt und somit auch Geistliche und aufgerufen sind, von der Zuschauerbank ins Spielfeld zu treten.

Das meint Petrus, wenn er schreibt, 1. Petrus 2, Vers 9 (Hoffnung für alle): *Ihr aber seid das von Gott auserwählte Volk, seine königlichen Priester, Menschen, die ihm gehorchen und sein Eigentum sind. Deshalb sollt ihr die großen Taten Gottes verkündigen, der euch aus der Finsternis befreit und in sein wunderbares Licht geführt hat.*

So weit die biblische Theorie, und wir betonen gerne – und ja auch richtigerweise – dass wir als Freie evangelische Gemeinden das allgemeine Priestertum vertreten. Die Praxis sieht aber leider oft anders aus. Da wird alles vom jeweiligen Gruppenleiter erwartet. Weshalb soll sich ein normales Hauskreismitglied mit der Vorbereitung eines Abends abmühen, wenn man doch einen Hauskreisleiter hat? Da wir eine Gemeindeleitung haben, kann sich doch auch der Ältestenkreis um alles und jedes kümmern.

Auf der Theologischen Woche 2005 hielt der damalige Präsident des Bundes Evangelisch-Freikirchlicher Gemeinden, Siegfried Großmann, einen Vortrag zum Thema „Pastor zwischen Aufgabe und Begabung".

Aufgrund seiner Erfahrungen in den Baptistengemeinden sagte er: „Das Anforderungsprofil für den Dienst des Pastors ist so umfassend geworden, dass man sich fragen muss, ob ein normaler Mensch dieser Aufgabe überhaupt noch gerecht werden kann."[40]

Zusammen mit allen Leitern der Erwachsenengruppen und Hauskreise erstellten wir eine Art „Anforderungsprofil" an einen für diesen Bereich zu findenden Diakon bzw. Bereichsleiter.

Dabei wurden die Gaben „Organisation und Leitung" als notwendig genannt und die Gaben „Lehre und Seelsorge" als wünschenswert. Außerdem sollte diese Person über „kommunikative Fähigkeiten verfügen und etwas von Menschenführung verstehen.

Nun ist gegen eine klare Aufgabenbeschreibung nichts einzuwenden. Allerdings wird man niemals für eine Aufgabe ein Universalgenie finden, dass alle Anforderungen zur vollsten Zufriedenheit aller Beteiligten erfüllt. Wie sagte Michael Herbst nicht nur im Blick auf die Vollamtlichen: „Die „eierlegende Wollmichsau" verkommt dabei zum „armen Schwein"."[41]

Erwartungen an leitende Mitarbeiter im Raum der Gemeinde dürfen selbstverständlich gestellt werden. Je größer dabei der Leitungsbereich ist, desto höher sind auch die Erwartungen.

Wir müssen dabei allerdings biblisch auf dem Boden bleiben und dementsprechend:

- kann keiner alles und muss es auch nicht!
- sind und bleiben wir alle auf Ergänzung angewiesen!

Andernfalls sollten wir damit aufhören, ein allgemeines Priestertum zu glorifizieren, das wir im praktischen Gemeindealltag auf die jeweiligen

----

40: Theologische Impulse, Band 11, a.a.O., Seite 45

41: Mitschrift vom Willow-Creek Leitungskongress 2006, a.a.O.

Verantwortlichen abwälzen.

Zum Schluss seines Vortrags in Ewersbach sagte Siegfried Großmann: „Als Hilfe und Vorbild kann uns immer wieder 1. Korinther 12 dienen, wo Paulus in einer atemberaubend zeitgemäßen Weise das Grundmuster einer Gemeinde zeigt, die vom Priestertum aller Gläubigen her lebt, ihre Mitglieder von ihren Gaben zu ihren Aufgaben führt und auf einer Basis der Gemeinschaft vom „Geben und Nehmen" lebt, durch die alle Gaben und Kräfte, die Gott einer Gemeinde gegeben hat, zum Tragen kommen."[42]

In seiner unnachahmlichen Art ergänzt Wolfgang Simson diesen Gedanken, wenn er schreibt: "Das beste Testlabor für christliche Leiter ist die Gemeinde vor Ort. Dort kann man sehen, aus welchem Holz sie wirklich geschnitzt sind. In der Ortsgemeinde lernt man, dass jeder Christ Ergänzung braucht. Man lernt sich zu relativieren. Man wird gedemütigt und ermutigt. Das ist der Ort, wo man sich liebt, obwohl man sich kennt; der Ort, wo Vergebung praktiziert wird, wo unfähige und mangelhafte Menschen erleben, wie Christus in ihnen Dinge tun kann, die ihnen nicht in die Wiege gelegt wurden. Wo Fehler begangen werden, schmutzige Wäsche gewaschen wird, wo man Zeugnisse aufsagt und hinterher zugibt, wie's wirklich war. Wo man miteinander lacht und heult, mit anderen Worten: wo das Leben stattfindet.

Die Gemeinde ist und bleibt Gottes langfristige Missionsstrategie. Wer die Welt nicht mehr durch die Brille der Gemeinden sieht, wird kurzsichtig."[43]

## 2. Selbstwahrnehmung

Um mit den an seine Person und Aufgabe gestellten Erwartungen und Anforderungen richtig umgehen zu können, muss man sich erst einmal mit seinen Begabungen und auch mit seinen Begrenzungen vertraut machen und ehrlich auseinandersetzen.

Dabei geht es um eine gesunde Selbstwahrnehmung, um eine realistische

-----

42: Theologische Impulse, Band 11, a.a.O., Seite 56
43: Wolfgang Simson, a.a.O., Seite 43 - 44

Selbsteinschätzung seiner Stärken und auch seiner Schwächen, seiner Möglichkeiten und eben auch seiner Grenzen.

Ansonsten lässt man sich heillos überfordern, sagt zu allem und jedem: „ja!" und lässt sich – tragischer weise – auch noch ausnutzen, weil man sich nicht über das definiert, was man ist, sondern über das, was man tut.

So wird der Druck immer stärker, die Leistung immer schwächer, und am Ende steht der Zusammenbruch.

Nur wer sich selbst realistisch einschätzen kann und um seine Gaben und Grenzen weiß, kann sich weiterentwickeln, durch andere ergänzen und überzogene oder nicht erfüllbare Erwartungen liebevoll, aber deutlich zurückweisen. Das Wichtigste, was jeder engagierte Leiter lernen muss, ist klar und deutlich „nein" sagen zu lernen.

Geistliche Leiter fallen nicht vom Himmel, sondern werden durch das Leben und die Lebensumstände dazu gemacht. „Dabei ist das Werden und Wachsen eines Leiters ein dynamischer Prozess."[44]

Magnus Malm merkt dazu an: „Sämtliche Führungsambitionen stehen und fallen letztlich mit der eigenen Persönlichkeit.

... Wir betrachten es vielfach geradezu als erstrebenswertes Ideal, unser eigenes Leben zu Gunsten des „großen Auftrags" beiseite zu schieben. Sich Zeit für sein Privatleben nehmen und eine Gemeinde führen – das passt doch wohl nicht zusammen. ... Familie, Freizeit – ist das nicht Egoismus, gewissermaßen Diebstahl an meinen Mitmenschen?

In Wirklichkeit ist es natürlich gerade umgekehrt: Nur was ich mir selber aneigne, wird zu einem Schatz für andere. Nur was ich in mein eigenes Leben aufgenommen habe, kann ich an andere weitergeben."[45]

Deshalb ist es für Mitarbeiter und Leiter innerhalb der Gemeinde geradezu ein Muss, sich Zeit zu nehmen, um seiner eigenen Persönlichkeit, seinen Gaben und Grenzen, auf die Spur zu kommen und eine realistische

-----

44: Irmela Hofmann, Brennende Fragen zur geistlichen Leiterschaft, Offensive 5/94, Seite 230
45: Magnus Malm, a.a.O., Seite 179 - 180

Bestandsaufnahme zu machen.

Siegfried Großmann nannte in seinem Vortrag vier verschiedene Wurzeln, die mich zu dem gemacht haben, was ich heute bin:

- Erbfaktoren
- Kindheitsprägung
- Gaben des Heiligen Geistes
- Lebenserfahrung

„Zu diesen vier Wurzeln kommen bestimmte Umstände, die zwar nicht solche grundlegende Einflussmöglichkeit haben, aber dennoch mit an der Prägung der Persönlichkeit beteiligt sind.“[46]

- mein Geschlecht
- meine Herkunft, Region, Milieu: Stadt oder Land
- mein Ehepartner
- meine geistliche Grundprägung

„Erst wer zu seiner so gewordenen Persönlichkeit ja sagen kann, ist in der Lage, bewusst diese oder jene Fähigkeit zu entwickeln, sich weiterzubilden und lernfähig zu bleiben. Dies muss im Zusammenspiel mit meiner Identität geschehen und nicht gegen sie.“[47]

Wir haben uns als Ältestenkreis angewöhnt, jedes Mal, wenn jemand neu ins Team dazukommt, zwei Tests durchzuführen, um unsere Stärken und Grenzen als Einzelne und als Team kennenzulernen.

Das erfordert von uns eine Menge Offenheit und Ehrlichkeit. Zugleich gehen wir so gegen den Neid und das Konkurrenzdenken unter uns an. Die von uns zu recht erwartete Leitungskompetenz darf nicht durch Eifersucht und Neid gelähmt werden.

-----

46: Theologische Impulse, Band 11, a.a.O., Seite 48

47: Theologische Impulse, Band 11, a.a.O., Seite 49

Als erstes machen wir den christlichen Persönlichkeitstest.

„Woher bekommen wir unsere Energie?

- Wir erhalten Energie indem wir Aufgaben erfüllen
  = **Aufgabenorientiert**
- Wir erhalten Energie durch die Beziehung zu anderen Menschen
  = **Menschenorientiert**

Wie organisieren wir uns?

- Wir bevorzugen es, eine Menge Möglichkeiten zu haben und flexibel entscheiden zu können
  = **Unstrukturiert**
- Wir bevorzugen es, genau zu planen und Ordnung in unser Leben zu bringen
  = **Strukturiert**

Selbsteinschätzung

**Aufgaben/unstrukturiert (D-Typ)**
*fühlt sich herausgefordert, wenn Opposition und Konkurrenz überwunden werden müssen.*

**Aufgaben/strukturiert (G-Typ)**
*fühlt sich herausgefordert, wenn bekannte und bewährte Vorgehensweisen eingesetzt werden, um Qualität zu sichern.*

**Menschen/unstrukturiert (I-Typ)**
*fühlt sich herausgefordert, wenn andere gewonnen und zusammengebracht werden müssen.*

**Menschen/strukturiert (S-Typ)**

*fühlt sich herausgefordert, wenn mit anderen zusammengearbeitet werden muss."*[48]

Wichtig ist dabei: Keiner der vier Typen ist der richtige. Sondern jeder ist anders. Und jeder braucht den anderen! Außerdem gibt es immer nur „Mischtypen".

Anschließend machen wir den Gabentest, bzw. wir teilen einander mit, welche geistlichen Gaben jeder einzelne von uns hat.

Interessant ist bei den vielen Gabentests, die ich mittlerweile im Raum der Gemeinde und darüber hinaus durchgeführt habe - dass manche dabei immer darum bemüht waren, möglichst viele Gaben bei sich zu entdecken.

Dabei ist es in Wahrheit ja genau umgekehrt: Je weniger Gaben sich bei mir als vorhanden herausstellen, desto leichter und konkreter finde ich meinen Platz im Raum der Gemeinde und muss mich nicht verzetteln. Denn Gaben bedeuten Aufgaben.

Ich als Pastor bin übrigens auch kein Universalgenie. Meine drei Hauptgaben sind Lehre, Leitung und Organisation, letztere zum Leidwesen einiger sogar ziemlich ausgeprägt.

Damit will ich noch etwas ganz wichtiges deutlich machen: Jede Stärke kann zugleich auch zur Schwäche werden. Wenn man in einem Bereich besonders gut ist, wird man schnell betriebsblind und begibt sich in eine gefährliche Unabhängigkeit von Gott und den Menschen. Denn man kann es ja und man weiß, wie es funktioniert. Doch sobald solches Denken uns besetzt, wird es letztlich fatal.

Tests können nur eine Krücke und eine Hilfestellung dabei sein, uns selbst auf die Spur zu kommen und somit zu einer gesunden und notwendigen Selbsteinschätzung zu gelangen:

-----

48: Der christliche Persönlichkeitstest, C&P-Verlag Mainz-Kastel 1991
Friedbert Gay, DISG-Persönlichkeitsprofil, Gabal-Verlag Offenbach 2003[31]

- Wer bin ich?
- Was kann ich?
- Was kann ich nicht so gut?
- Wo brauche ich Ergänzung durch andere?
- Wer könnte mich ergänzen?
- Wo sollte ich bewusst meine Grenzen erweitern?
- Weshalb?

Siegfried Großmann wies in seinem Vortrag noch darauf hin, dass es ein Riesenunterschied ist, ob ich sage:

- Ich kann das nicht = **negativ**

oder

- Hier beginnt die Kompetenz eines anderen = **positiv**

Übrigens kann uns unser Ehepartner effektiv dabei helfen, uns realistisch und selbstkritisch wahrzunehmen.

## 3. Leben heißt lernen

Heinz-Adolf Ritter schreibt dazu: „Die gesamte Zeit meiner Mitarbeit – 1952 bis 1987 – war für mich ein ständiger Lernprozess, meistens unbequem, aber hilfreich und nützlich, um mich selbst zu erleben durch die Augen der andern.
... Von andern mir sagen zu lassen, was ihnen an mir missfällt, was sie sich anders wünschen – an solchen Leuten hat es mir im Bund nie gefehlt.
... Ich bin besonders den drei Bundesvorstehern für ihre Mühe mit mir dankbar. Es waren Karl Glebe, Wilhelm Gilbert und Karl Heinz Knöppel. In gemeinsamer Arbeit anderswo ist solch ein wechselseitiges Geben und Nehmen sicher so nicht erlebbar. Mir hat es entscheidend zur Lebensentfaltung geholfen.“[49]

Damit gibt Hans-Adolf Ritter etwas wesentliches und grundlegendes für Mitarbeiter und Leiter aller Zeiten weiter: „Gott arbeitet ein ganzes Leben lang an der Entwicklung seiner Leiter. Er gibt auch dann nicht auf, wenn wir

-----
49: Hans-Adolf Ritter, a.a.O., Seite 81

Menschen längst keine Hoffnung mehr haben."[50]

Deshalb ist eine der Hauptaufgaben geistlicher Leiter, sich selbst zu leiten und damit auch sich selbst zu disziplinieren.

Das hat Paulus schon Timotheus ins Stammbuch geschrieben, 1. Timotheus 4, Vers 16 (Gute Nachricht): *Achte auf dein Leben und auf deine Lehre; überprüfe sie beide ständig. Dann wirst du dich selbst retten und die, die dir zuhören.*

In der Ausgabe der seelsorgerlich ausgerichteten Zeitschrift „De'Ignis" 2008 geht es um das Thema „Burnout". In einem sehr praktisch gehaltenen Artikel geht es um das Thema „Lebensbalance".

Dabei sind vier Lebensbereiche entscheidend, um unser Leben in einer gesunden Balance zu halten:

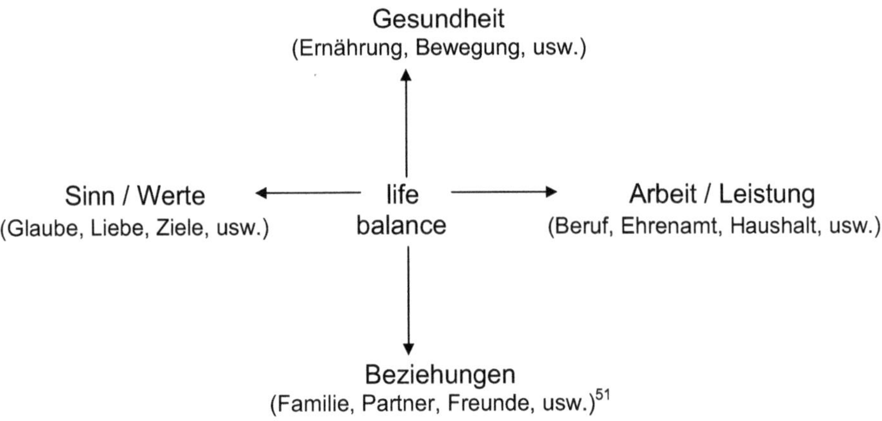


Dabei geht es um die Kunst, gute Grenzen zu setzen, damit unser Leben in ein gesundes Gleichgewicht kommt. Wer auf Dauer einen der vier genannten Bereiche ausklammert, wird unweigerlich krank werden.

-----

50: Irmela Hofmann, a.a.O., Seite 230

51: Doris Schneider-Bühler, life balance, DE'IGNIS Magazin Nr. 35 von Juli 2008, Seite 30

Reinhard Spincke, Regionalsekretär des Bundes Freier evangelischer Gemeinden hat das Buch „Leiterschaft mit Herz“ herausgegeben. Zu unserem Thema gibt er uns folgende Fragen zum Weiterdenken an die Hand:

„1. Von welchen Menschen habe ich in meinem Leben geistlich gelernt?
2. Welche Menschen dürfen zur Zeit in mein Leben hineinschauen und mich korrigieren?
3. In welchen Bereichen meines Lebens würde ich mich gern weiterentwickeln?
4. Von welchen Menschen würde ich gern künftig lernen?
5. Was blockiert meine persönliche Entwicklung?
6. Was hindert mich, eine der oben erwähnten Personen zu fragen, ob sie mich für ein Jahr als Mentor begleitet?
7. Welchen Mitarbeiter könnte ich gezielt in seiner Entwicklung fördern?“[52]

<u>„Mach, was du am besten kannst</u>

Martin möchte Maler werden, das weiß er genau: Vögel malt er rot und Elefanten blau. Sein Lehrer sagt ihm ins Gesicht: „Rote Vögel gibt es nicht, Du hast sicher kein Talent!“ Und Martin malt nie mehr.

Kathrin möchte Schiffer werden auf nem‘ Schlepperkahn. Schippern auf dem Rhein, von Basel bis nach Rotterdam. Doch ihr Bruder lacht sie aus, da wird sowieso nichts draus. Und Kathrin denkt im Stillen: Sicher hat er recht.

Mach, was du am besten kannst, das ist für alle gut. Mach, was du am liebsten tust, auch wenn's nicht jeder tut. Träume kann dir keiner nehmen, dafür musst du dich nicht schämen. Mach, was du am besten kannst, verliere nicht den Mut.

-----

52: Reinhard Spincke, Leiterschaft mit Herz, R. Brockhaus Verlag Wuppertal 2007, Seite 123 - 124

Du hast sicher eigne Pläne, einen eignen Traum, willst vielleicht mal Gärtner werden, oder Zirkusclown. Bis ein andrer dich verlacht und sich drüber lustig macht. Plötzlich wirst du mutlos und verlierst dein Selbstvertrauen.

Der, der dir deine Flügel stutzt, hat oft die eignen nie benutzt, blieb immer nur am Boden, und wäre doch so gern geflogen.

Träume kann dir keiner nehmen, dafür musst du dich nicht schämen. Mach, was du am besten kannst, verliere nicht den Mut."[53]

-----

53: Clemens Bittlinger, CD „Habseligkeiten", Kreuz Verlag Stuttgart 2009, Nr. 4

**Fragen zum persönlichen Weiterdenken:**

1. Was kann ich richtig gut?

   ______________________________

   ______________________________

2. Welche geistlichen Gaben sehe ich bei mir?

   ______________________________

   ______________________________

3. Wer könnte mir das bestätigen?

   ______________________________

4. Wann werde ich sie/ihn fragen?

   ______________________________

5. Kenne ich alle meine geistlichen Gaben:
   (   ) ja   (   ) nein   (   ) unsicher

   Bei **nein** oder **unsicher:** Weshalb nicht? ______________________________

6. Bin ich eher
   (   ) menschenorientiert   (   ) aufgabenorientiert

7. Bin ich eher
   (   ) strukturiert   (   ) unstrukturiert

8. Was macht dieses Ergebnis mit mir?

   ______________________________

   Weshalb: ______________________________

9. Welche Menschen dürfen zur Zeit in mein Leben hineinschauen und mich korrigieren?

   ______________________________

10. Welchen Mitarbeiter könnte ich persönlich in seiner Entwicklung fördern?

   ______________________________

## Leitung im Spannungsfeld zwischen Anspruch und Wirklichkeit

Vor mehr als zehn Jahren erschien die deutschsprachige Ausgabe des fabelhaften Buches von Spencer Johnson „Who moved my cheese?“ Seltsamerweise lautet der deutsche Titel: „Die Mäusestrategie für Manager“. „Dieses Buch erzählt die Geschichte von den zwei Mäusen Schnüffel und Wusel und den beiden Zwergenmenschen Grübel und Knobel, alle vier große Liebhaber von Käse aller Art. Die Vier leben in einem Labyrinth und verbringen den lieben langen Tag damit, nach Käse zu suchen und ihn zu essen. Irgendwann finden sie ein riesengroßes Käselager und haben ausgesorgt. So dachten sie zumindest, denn eines Tages ist der ganze Käse verschwunden.“[54]

Die beiden Mäuse folgen einfach ihrem Instinkt und ihrer Nase und nehmen die Dinge, wie sie sich nun einmal darstellen: „Ist der alte Käse weg, muss man eben neuen suchen!“

Daneben sind Grübel und Knobel viel zu sehr mit sich selbst beschäftigt und haben die allergrößte Mühe, sich von ihren scheinbar berechtigen Ansprüchen auf ausreichend Käse mit der Wirklichkeit eines leeren Käselagers abzufinden. Getreu dem Motto: „Es kann nicht sein, was nicht sein darf!“ Bis sich Knobel letztlich doch noch auf den Weg ins Labyrinth und auf die Suche nach neuem Käse macht, haben die beiden eine Menge sinnloser Grübeleien hinter sich gebracht und den Unterschied zwischen Aktivität und Produktivität erkannt.

Eine wirklich lehrreiche Fabel und absolut empfehlenswert nicht nur für Manager oder Leiter in der Gemeinde, sondern letztlich für jeden von uns.

Wir alle kennen doch die Spannung zwischen Anspruch und Wirklichkeit: wie es sein sollte und wie es wirklich ist. Jeder von uns hält sich manchmal viel zu lange mit „altem Käse“ auf, der langsam aber sicher irgendwann zu Neige

-----

54: siehe: http://www.zeitzuleben.de/buch/beruf/maeusestrategie-fuer-manager.html

geht, und tut sich schwer damit nach neuem Käse zu suchen.

Dabei haben wir es mit der Spannung zwischen Anspruch und Wirklichkeit nicht nur im Blick auf alle möglichen Dinge in unserem Leben zu tun, sondern auch und gerade im schönen schweren Miteinander.

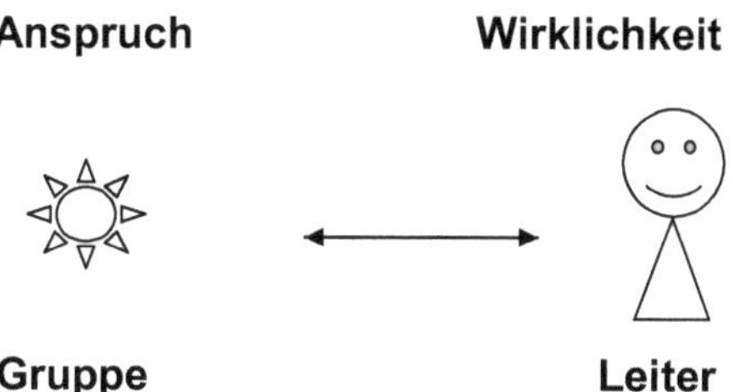


Jede Gruppe und jedes einzelne Gruppenmitglied hat bewusst oder unbewusst einen ganz bestimmten Anspruch an seinen Gruppenleiter. Der Leiter seinerseits hat ebenfalls einen ganz bestimmten Anspruch an seine Gruppe. Die Kinder haben ihn im Blick auf ihre Eltern und die Eltern wiederum im Blick auf ihre Kinder. Die Gemeinde hat ihn im Blick auf ihre Ältesten, aber auch die Ältesten im Blick auf die Gemeinde. Dieses Phänomen treffen wir überall an: Die Spannung zwischen Anspruch und Wirklichkeit: wie jemand sein sollte und wie er wirklich ist.

Wie sagte Konrad Adenauer: „Nehmen Sie die Menschen, wie sie sind, andere gibt's nicht."

In der Bibel finden wir eine Riesenfülle von Beispielen, die uns deutlich machen, dass die Wirklichkeit sich oft völlig anders darstellt, als wir sie uns vorstellen.

## 1. Samuel und die Frage nach dem König von Israel

Beginnen wir mit Samuel, der als Prophet erst einmal verkraften musste, dass Gott Saul als König verworfen hatte. Anschließend sollte sich Samuel auf den Weg machen, um einen neuen König zu salben, 1. Samuel 16, 1 (Einheitsübersetzung): *Der Herr sagte zu Samuel: Wie lange willst du noch um Saul trauern? Ich habe ihn doch verworfen; er soll nicht mehr als König über Israel herrschen. Fülle dein Horn mit Öl und mach dich auf den Weg! Ich schicke dich zu dem Betlehemiter Isai; denn ich habe mir einen von seinen Söhnen als König ausersehen.* Samuel macht sich auf den Weg und bei jedem der stattlichen Kerle denkt der Prophet und Mann Gottes: „Das ist er!" Doch jedes Mal wird er von Gott in die Wirklichkeit zurückgeholt, indem Gott ihm sagt, 1. Samuel 16, Vers 7 (Einheitsübersetzung): *Der Mensch sieht, was vor den Augen ist, der Herr aber sieht das Herz.* Nachdem Samuel auf diese Weise bereits die sieben anwesenden Söhne durchgemustert hat und Gott jedes Mal sein „Nein" sagt, bleibt ihm nichts anderes übrig als nachzufragen, ob es denn noch einen Sohn gibt. Da ist noch der jüngste, wird dem Propheten gesagt, der hütet gerade die Schafe.

David wird geholt. Statt muskulös und männlich wird er uns eher wie ein „Model" beschrieben, 1. Samuel 16, Vers 12 (Einheitsübersetzung): *Er war blond, hatte schöne Augen und eine schöne Gestalt*. Außerdem dürfte er noch immer etwas streng nach Schaf gerochen haben. Aber Gott sagt, 1. Samuel 16, Vers 12 (Einheitsübersetzung): *Auf, salbe ihn! Denn er ist es.*

Herzlich willkommen in der Wirklichkeit.

## 2. Die Zwölf und Jesus

Ganz deutlich wird die Spannung zwischen Anspruch und Wirklichkeit bei den zwölf Jüngern Jesu. Immer und immer wieder hat Jesus sie auf seinen Tod und seine Auferstehung hingewiesen. Aber sie sehen in ihm nur den neuen König von Israel, der die Römer aus dem Land werfen wird. Geradezu erschreckend ist dabei der Bericht nach Markus 10, Vers 33 bis 35, wo Jesus zum dritten Mal seinen Leidensweg und seinen Kreuzgang ankündigt und Jakobus und Johannes anschließend nichts besseres zu fragen wissen als dies, ob sie in seinem kommenden Reich rechts und links neben ihm sitzen dürfen.

Als für die Jünger Jesu die Wirklichkeit von Karfreitag über sie hereinbricht und Ostern ganz langsam für sie anbricht, sagt Petrus als erstes, Johannes

21, Vers 3 (Einheitsübersetzung): *Ich gehe fischen.* Er konnte mit der Wirklichkeit – wie sie sich ihm nach Karfreitag und Ostern darstellte, überhaupt nichts anfangen. So bleibt ihm buchstäblich nur der „alte Käse“ und damit sein Fischfang.

Umgekehrt lesen wir im Neuen Testament aber auch immer wieder, dass Jesus seinen zwölf Jüngern „reinen Wein“ einschenkt, Johannes 6, Vers 70 zum Beispiel – nach der Speisung der 5.000 (Gute Nachricht): *Euch zwölf habe ich doch selber ausgewählt. Trotzdem ist einer von euch ein Teufel!*

Erschreckend nicht wahr? Doch damit will Jesus seine Jünger in die Wirklichkeit holen und sie vor dem falschen Anspruch einer heilen Welt im Jüngerkreis bewahren. Die böse Welt und selbst das Böse ist niemals nur außerhalb der Christusnachfolger zu finden. Wir sind nun einmal Teil dieser Welt und keine heile Oase.

Herzlich willkommen in der Wirklichkeit.

## 3. Heidenmission und Judenchristen

Die Apostelgeschichte berichtet uns, wie die ersten Gemeinden entstehen. Fast euphorisch klingen dabei die Berichte, wie sich die Samariter (Apostelgeschichte 8, 14 – 15) und dann auch noch waschechte Heiden (Apostelgeschichte 10, 44 – 48) bekehren.

Die Begeisterung schwappt dabei allerdings von Petrus nicht auf die anderen in Jerusalem über. Es kommt sogar zu einem regelrechten Eklat auf dem Leitungstreffen der führenden Köpfe in Jerusalem. Apostelgeschichte 15, 7 – 9 (Einheitsübersetzung): *Als ein heftiger Streit entstand, erhob sich Petrus und sagte zu ihnen: Brüder, wie ihr wisst, hat Gott schon längst hier bei euch die Entscheidung getroffen, dass die Heiden durch meinen Mund das Wort des Evangeliums hören und zum Glauben gelangen sollen. Und Gott, der die Herzen kennt, bestätigte dies, indem er ihnen ebenso wie uns den Heiligen Geist gab. Er machte keinerlei Unterschied zwischen uns und ihnen; denn er hat ihre Herzen durch den Glauben gereinigt.*

Damit sollte eigentlich die Frage vom Tisch sein, ob und was die Heidenchristen noch vom mosaischen Gesetz zu halten haben und wie der Speiseplan für einen richtigen Christen auszusehen hat.
Doch letztlich kommen alle nur mit einem Kompromiss aus der aufgeheizten Diskussion heraus und verfassen gemeinsam folgenden Beschluss, Apostelgeschichte 15, 28 – 29 (Einheitsübersetzung): *Denn der Heilige Geist und wir haben beschlossen, euch keine weitere Last aufzuerlegen als diese notwendigen Dinge: Götzenopferfleisch, Blut, Ersticktes und Unzucht zu meiden. Wenn ihr euch davor hütet, handelt ihr richtig. Lebt wohl!*
Vor allem der Galaterbrief, aber auch viele andere Briefe des Apostels Paulus berichten uns von diesem unseligen andauernden Streit in der jungen Kirche zwischen Judenchristen und Heidenchristen um die Frage nach Gesetz und Freiheit.
Herzlich willkommen in der Wirklichkeit.

Diese drei Beispiele sollen genügen. Wer seine Bibel aufmerksam liest, wird viele ähnliche Beispiele finden, wie Gott seine Leute zu allen Zeiten vom Anspruch - „wie es sein sollte" - in die Wirklichkeit - „wie es ist" - zurückholt.

## 4. Das Prinzip der „offenen Tür"

Paulus wurde durch das Prinzip der „offenen Tür" bei seinen Missionsreisen immer wieder in die Wirklichkeit zurückgeholt. So dass wir sagen können, mit diesem „Prinzip der offenen Tür" haben wir einen wichtigen geistlichen Grundsatz auch für unser eigenes Leben an die Hand bekommen.
So berichtet er den Christen in Antiochia, Apostelgeschichte 14, Vers 27b (Einheitsübersetzung): *Und berichteten alles, was Gott mit ihnen zusammen getan und dass er den Heiden die Tür zum Glauben geöffnet hatte* und den Korinthern schreibt er, 1. Korinther 16, Vers 9 (Einheitsübersetzung): *Denn weit und wirksam ist mir hier eine Tür geöffnet worden; doch auch an Gegnern fehlt es nicht* und 2. Korinther 12, Vers 12 (Einheitsübersetzung):

*Als ich dann nach Troas kam, um das Evangelium Christi zu verkünden, und mir der Herr eine Tür öffnete.*

Die Kolosser bittet er schließlich, genau dafür zu beten, Kolosser 4, Vers 3 (Einheitsübersetzung): *Betet auch für uns, damit Gott uns eine Tür öffnet für das Wort und wir das Geheimnis Christi predigen können, für das ich im Gefängnis bin.*

Daneben berichtet Paulus aber auch in der Apostelgeschichte (16, 6 – 14), wie Gott ihn auch durch verschlossene Türen führte. Die geschlossenen Türen brachten ihn so in die Stadt Philippi und zur Modedesignerin Lydia. Damit kam das Evangelium letztlich ja auch zu uns nach Europa.

Die HP-Managerin Carly Fiorina schreibt in ihrer Autobiografie „Mit harten Bandagen“: „Wenn Gott eine Tür schließt, dann öffnet er meist irgendwo ein Fenster!“[55]

Verstehen wir? Grübel konnte, so oft er wollte, in das leere Käselager kommen, der Käse kam dadurch aber nicht zu ihm zurück. Er konnte grübeln wie er wollte, anderen die Schuld geben, der Käse kam einfach nicht zurück. Wenn eine Tür zu ist, dann ist sie eben zu. Man kann sich den Kopf blutig daran schlagen, man wird die Tür dennoch nicht mehr aufbekommen. Die einzig wirklich vernünftige Reaktion in solchem Fall ist, sich mit den Gegebenheiten abzufinden, und sich auf den Weg nach neuem Käse zu machen und die nächste offene Tür – und sei es nur ein Fenster – zu suchen. Sicherlich kann man im praktischen Gemeindealltag manches künstlich beatmen, was längst schon nicht mehr lebensfähig ist. Doch dabei verpasst man nur die nächste offene Tür und landet wieder in seinem alten und leeren Käselager.

Meines Erachtens gibt es mindestens fünf Bereiche, in denen sich nicht nur Mitarbeiter und Leiter der Gemeinde, sondern letztlich alle von uns im Spannungsfeld zwischen Anspruch und Wirklichkeit befinden:

-----

55: Carly Fiorina, Mit harten Bandagen, Campus Verlag Frankfurt/Main 2006, Seite 55

## Fünf Spannungsbereiche zwischen Anspruch und Wirklichkeit:

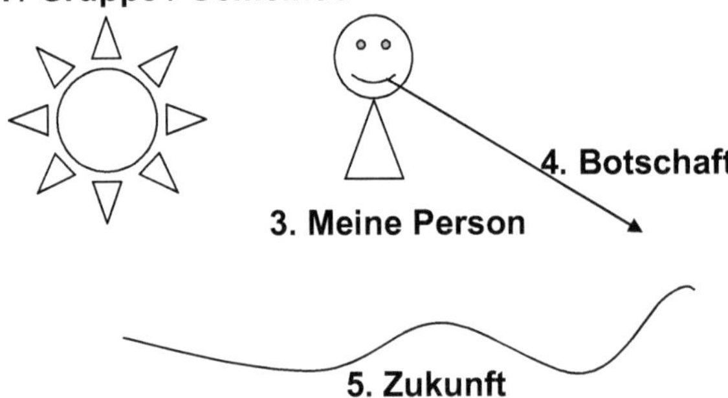


### 1. Gott

Anspruch: Gott gebraucht mich = werde gesegnet

1. Chronik 17, Vers 2 (Einheitsübersetzung): *Tu alles, was du im Sinn hast; denn Gott ist mit dir.*

Wirklichkeit: Gott „schleift" mich = werde irritiert

Jesaja 55, Vers 8 (Einheitsübersetzung): *Meine Gedanken sind nicht eure Gedanken und eure Wege sind nicht meine Wege - Spruch des Herrn.*

### 2. Team / Gruppe / Gemeinde

Anspruch: Dreamteam = Harmonie

Wirklichkeit: Chaosteam = Unruhe

Kaum hat man sich zusammengerauft, werden die Karten neu gemischt. Der eine geht, und der andere kommt. Außerdem spielt in der Regel einer immer den Judas, einer der uns dem Leiden ausliefert.

Henri Nouwen bemerkt dazu: „Jede christliche Gemeinschaft hat in diesem Sinne einen Judas, eine Person, die uns dem Leiden ausliefert. Jemand, an dem wir leiden und indem wir an dieser Person leiden, auf geheimnisvolle Weise gerade durch sie auch reifen."[56]

**3. Meine Person**

Anspruch: Ich habe Erfolg = fühle mich gut

Wirklichkeit: Ich bin ein sündiger Versager = muss mich ehrlich mit mir auseinandersetzen

**4. Botschaft**

Anspruch: Beste Botschaft der Welt = Zuspruch

Johannes 3, Vers 16 (Luther): *Also hat Gott die Welt geliebt, dass er seinen eingeborenen Sohn gab, damit alle, die an ihn glauben, nicht verloren werden, sondern das ewige Leben haben.*

Wirklichkeit: Unverständliche Botschaft = Anspruch

1. Korinther 1, 18a (Gute Nachricht): *Die Botschaft, dass für alle Menschen am Kreuz die Rettung vollbracht ist, muss denen, die verloren gehen, als barer Unsinn erscheinen.*

**5. Zukunft**

Anspruch: Alles bleibt so, wie es war = Sicherheit

Prediger 1, Vers 9 (Einheitsübersetzung): *Es gibt nichts Neues unter der Sonne.*

Wirklichkeit: Sei auf Veränderungen vorbereitet = Flexibilität

Prediger 3, Vers 1 (Bruns): *Alles hat seine Zeit, und alle Dinge unter dem Himmel haben ihre Stunde.*

-----

56: Henry J.M. Nouwen, Nachts bricht der Tag an, Herder Verlag Freiburg im Breisgau 1989[3], Seite 191

In diesen fünf Bereichen werden wir uns meines Erachtens lebenslang in der Spannung zwischen Anspruch und Wirklichkeit befinden. Manchmal fallen wir auf der einen und das andere Mal auf der anderen Seite vom Pferd.
Diese vielleicht erschreckende Tatsache hält uns aber in der Abhängigkeit von Jesus, der uns eine unwahrscheinliche Verheißung gegeben hat, Matthäus 16, Vers 18 (Luther): *Ich will meine Gemeinde bauen, und die Pforten der Hölle sollen sie nicht überwältigen.*
Wir können mit Grübel im alten und leeren Käselager Trübsal blasen, oder wir machen uns mit Knobel auf den Weg nach neuem Käse in eine ungewisse Zukunft, aber mit der Verheißung unseres Herrn.

**Fragen zum persönlichen Weiterdenken:**

1. Wie empfinde ich den Anspruch Gottes an meine Leitungsaufgabe?

   ________________________________________

2. Wie empfinde ich den Anspruch der Gemeinde an meine Leitungsaufgabe?

   ________________________________________

3. Wie empfinde ich den Anspruch meiner Mitarbeiter an meine Leitungsaufgabe?

   ________________________________________

4. Wie gehe ich damit um? Was macht das mit mir?

   ________________________________________

   ________________________________________

5. Mit wem rede ich darüber?

   ________________________________________

6. Wann?

   ________________________________________

7. Welche Erwartungen habe ich an meine Person?

   ________________________________________

8. Bin ich perfektionistisch eingestellt?

   (  ) ja      (  ) nein      (  ) unsicher

9. Wie gehe ich mit scheinbaren Misserfolgen um?

   ________________________________________

10. Was habe ich aus meinen Pleiten und Pannen bisher gelernt?

    ________________________________________

## Leitung im Spannungsfeld zwischen Nähe und Distanz

Auf die Frage eines ranghohen Theologen nach dem wichtigsten Gebot antwortete Jesus, Markus 12, Vers 29 bis 31 (Einheitsübersetzung): *Das erste ist: Höre, Israel, der Herr, unser Gott, ist der einzige Herr. Darum sollst du den Herrn, deinen Gott, lieben mit ganzem Herzen und ganzer Seele, mit all deinen Gedanken und all deiner Kraft. Als zweites kommt hinzu: Du sollst deinen Nächsten lieben wie dich selbst. Kein anderes Gebot ist größer als diese beiden.*

Beziehung ist wichtiger als Erreichbarkeit. Miteinander ist besser als Verfügbarkeit. So spannend, schnell und skurril Twitter und Facebook auch immer sein mögen, sie können niemals die persönliche Begegnung zwischen Menschen ersetzen. Ich habe die Fotos von ihnen im Album und auf dem Rechner. Aber sie selbst leben nicht mehr. Die Bilder können die Menschen nicht ersetzen. Kein Medium kann das. Im Fall eines Freundes habe ich mir nach seinem Tod schwere Vorwürfe gemacht, dass ich die letzte Gelegenheit zu einem Treffen nicht nutzte, weil anderes mir damals dringender erschien. Wie sang Reinhard Mey auf seiner CD „Flaschenpost“:

Es ist immer zu spät,
Ungläubig siehst du zu,
Es ist immer zu spät,
Die Dinge sind schneller als du,
Die Zeit ist immer zu knapp,
Schreib deinen Brief noch heut‘ und lauf,
Gib ihn heute noch ab,
Es wartet jemand darauf,
Mit Bangen und Hoffen,
Die Arme weit offen.
Doch die Zeit kommt dir zuvor

Und wieder stehst du vor
verschlossenem Tor.
Es ist immer zu spät.[57]

Im so genannten Doppelgebot der Liebe setzt Jesus auf ganzheitliche Kommunikation auf drei Ebenen:

- zu Gott
- zum Nächsten
- zu sich selbst

Den Nächsten lieben wie sich selbst setzt ein gesundes Selbstwertgefühl voraus, eine Achtung der eigenen Persönlichkeit. Das bedeutet eben auch Grenzen zu setzen, Grenzen der Erreichbarkeit und der Verfügbarkeit um seiner selbst willen. Wenn ich mich selbst gut behandle, bin ich beziehungsfähig.

Thomas von Aquin sagte: „Die Wurzel alles Bösen in der Welt ist der Mangel an Liebe zu sich selbst!"

Wenn wir uns grenzenlos in den Medien verlieren, werden wir große Schwierigkeiten dadurch haben, die Grenzen anderer Menschen zu respektieren und zu achten. Es wird zu Grenzüberschreitungen kommen. Im Miteinander von Ehe, Familie, Gemeinde und im Freundeskreis geht es immer um eine gesunde Balance zwischen Nähe und Distanz. Auch und gerade geistliche Leiter im Gemeindebereich brauchen in diesem Spannungsfeld zwischen Nähe und Distanz eine gesunde Ausgewogenheit, zwischen den Erwartungen der Gruppenteilnehmer und einem notwendigen Rückzugsraum. Wer als Leiter permanent und rund um die Uhr für alle erreichbar ist, wird irgendwann ausbrennen. Leiter, die andererseits keine tiefen und ehrlichen Beziehungen leben, werden nicht wahrgenommen.

Man kann die kirchliche Landschaft übrigens auch in Nähegemeinden und Distanzgemeinden aufteilen. Als freikirchliche Gemeinde gehören wir zu den

-----
57: Reinhard Mey, CD Flaschenpost, 1998

typischen Nähegemeinden, in denen Gemeinschaft und Miteinander groß geschrieben werden. Die beiden großen Volkskirchen sind typische Vertreter der Distanzgemeinden. Dort geht man zu einem Gottesdienst und hat unter Umständen mit keinem Menschen ein Wort gewechselt. Man feiert anonym nebeneinander den Gottesdienst. Man kann die kirchliche Landschaft also nicht nur theologisch, sondern auch soziologisch unterscheiden.

Nähetypen fühlen sich auf Dauer nicht in anonymen Kirchen wohl. Wie umgekehrt Distanztypen die Nähe der Freikirchen erdrückt. Die „Nähe“ ist unser freikirchliches Pfund, mit dem wir wuchern können. In vielen Aufnahmegesprächen wird genau das herausgestellt und die Gemeinde als familiär und warmherzig bezeichnet. Nun ist aber unsere Stärke zugleich auch unsere Schwäche. Viele Konflikte in der Gemeinde haben m.E. genau damit zu tun, dass wir uns zu nahe sind und deshalb die nötige Distanz nicht einhalten, unausgesprochene Erwartungen aneinander haben, die keiner erfüllen kann, und die Grenzen im Miteinander überschreiten. In allen Beziehungen – in Ehe, Gemeinde und Beruf – geht es immer um diese wichtige Balance zwischen Nähe und Distanz.

Dasselbe gilt für unsere Gottesbeziehung. Ich werde eingeladen, mich Gott ganz hinzugeben, mit ganzem Herzen, ganzer Seele, mit all meinen Gedanken und mit meiner ganzen Kraft. Aber ich muss die Grenze Gottes anerkennen lernen, seine Souveränität respektieren und sein Nein akzeptieren. Gott ist durch meine Christusbeziehung nicht für mich verfügbar geworden. Er ist und bleibt der Herr. Er hat das Recht und die Freiheit, anders auf meine Gebete zu antworten, als ich es mir erhoffe.

Zugleich lehrt uns das Gleichnis von den „beiden verlorenen Söhnen“ aus Lukas 15, dass Gott uns ebenfalls respektiert und unsere Entscheidungen akzeptiert, auch wenn sie in die falsche Richtung führen. Unsere Entscheidungsfreiheit ist Gottes selbstgesetze Grenze im Umgang mit uns.

Liebe und Respekt gehen Hand in Hand. Nur wenn ich mich selbst achte, werde ich respektvoll mit anderen Menschen und mit Gott umgehen.

Deshalb ist eine permanente Erreichbarkeit und Verfügbarkeit eine Missachtung der eigenen Persönlichkeit. Laut dem Erfinder des Lebens und dem Schöpfer der Welt bin ich als Mensch nicht für den Rundumbetrieb geschaffen. Zumindest sonntags sollte ich „off" sein und mir eine mediale Auszeit gönnen. Daneben hat Gott uns als soziale Wesen geschaffen, die den persönlichen Austausch miteinander brauchen.

Keiner von uns wird gezwungen, permanent online und erreichbar zu sein. Jeder von uns entscheidet selbst darüber, wie er seine Zeit verbringt, medial oder meditierend, einsam vor dem Bildschirm oder gemeinsam mit anderen.

Distanzlosigkeit anderen gegenüber lässt uns ganz schnell in das Rollenverhalten des sogenannten „Dramadreiecks" geraten. Dazu hat Gerti Strauch für den kirchlichen und gemeindlichen Bereich ein wichtiges Buch verfasst: „Das Gemeindekarussell". Auf der Rückseite ihres Buches heißt es dazu: „Warum gibt es in so vielen Gemeinden offene oder unterschwellige Konflikte? Warum sind da auf der einen Seite Menschen, die immer zur Stelle sind, wenn es irgendwo brennt, und auf der anderen Seite diejenigen, denen man eigentlich niemals helfen kann? Gerti Strauch verwendet das Karussellmodell in Anlehnung an Karpmans Dramadreieck, um häufig bestehende Beziehungsmuster in Gemeinden (und darüber hinaus) offenzulegen und zu erklären. Da gibt es die Feuerwehrleute, die jeden Brand löschen, die Polizisten, die stets zur Ordnung rufen, die Sanitäter, die helfend eingreifen, und nicht zuletzt die Radfahrer, die sich immer abstrampeln, aber doch nie vom Fleck zu kommen scheinen. Wie wir aus diesen Rollen ausbrechen und dafür sorgen können, dass sich die Gemeinde nicht mehr um Menschen dreht, sondern um Jesus selbst, das ist Thema dieses Buches."[58]

Zwischen der Fußwaschung und dem letzten Abendmahl, ja bis zur Verhaftung im Garten Gethsemane springen die Jünger im Dreieck.

-----

58: Gerti Strauch, Das Gemeindekarussell, SCM R. Brockhaus-Verlag Wuppertal 2010, Rückseite

Drei Verse aus dem Matthäusevangelium offenbaren schonungslos ihr Rollenverhalten:

Matthäus 26, Vers 22b (Einheitsübersetzung): *Einer nach dem andern fragte ihn: Bin ich es etwa, Herr?*

Matthäus 26, Vers 33 und 35 (Einheitsübersetzung): *Petrus erwiderte ihm: Und wenn alle an dir Anstoß nehmen - ich niemals! Und wenn ich mit dir sterben müsste - ich werde dich nie verleugnen. Das Gleiche sagten auch alle anderen Jünger.*

Matthäus 26, Vers 51 (Einheitsübersetzung): *Doch einer von den Begleitern Jesu zog sein Schwert, schlug auf den Diener des Hohenpriesters ein und hieb ihm ein Ohr ab.*

Das alles ereignet sich an einem einzigen Abend. Die Rollen werden an diesem Abend schneller als die Hemden gewechselt. Bei der Ankündigung des Verräters beim Abendmahl fühlen sich alle als Opfer. Auf dem anschließenden Weg zum Garten wollen sie Jesus retten und bis zum Tod mit ihm durchhalten. Im Garten selbst spielt einer sich zum Richter auf und zieht sein Schwert. Alle – bis auf einen – springen an diesem Abend im Dreieck. Aus Opfern werden Retter, aus Rettern werden Richter, die sich anschließend und bis zum Osterabend wieder ganz in ihrer Opferrolle eingerichtet haben – alle bis auf Jesus selbst.

So etwas passiert. Nicht nur den Jüngern von damals und an diesem Abend. So etwas läuft selten bewusst ab. So etwas geht ganz schnell – bis heute und auch bei uns, dass Opfer zu Verfolgern werden und umgekehrt. Meistens ist auch ganz schnell ein Retter zur Stelle.

Nicht nur die Jünger, auch geistliche Leiter springen ganz schnell im Dreieck. Dabei geht es nicht um die Opfer von Gewalt und traumatischen Erlebnissen. Es geht nicht um die Lebensretter von Polizei und Feuerwehr und auch nicht um die Richter und Anwälte an deutschen Gerichten.

Es geht um dieses Rollenverhalten, das unser Miteinander so schwer macht - ganz egal ob in einer Schulklasse oder in der Firma, in der Gemeinde oder in

der Volkshochschule. Dieses Rollenverhalten kann Ehen zerstören und hindert uns Menschen daran, wirklich zu leben.
Wer sich erst einmal in der Opferrolle eingerichtet hat und alles und jedes immer negativ auf sich selbst bezieht, wird es schwer haben wirkliche Freunde zu finden. Außerdem wird er permanent die Retter auf Trapp halten. Aus Opfern können auch ganz schnell Ankläger und Richter werden, die alle und jeden für ihre Situation verantwortlich machen. Wer andere immer nur retten will, lässt sich nicht nur gebrauchen, sondern wird sich irgendwann auch darüber definieren, ob er noch gebraucht wird.
Das wirklich teuflische bei diesem Rollenspiel ist letztlich die Aufgabe der eigenen Persönlichkeit und Identität. Ohne es zu merken, verliert man seine menschliche Würde dabei. Das Opfer definiert sich über den Täter, der Retter über den Hilfsbedürftigen und der Richter über sein subjektives Gerechtigkeitsempfinden.
Das kann zu so seltsamen Stilblüten wie beim „Prozesshansel" führen. „Deutschlands „Prozesshansel Nr. 1" zog regelmäßig wegen Lappalien vor den Kadi. Mehr als 200 Verfahren bürdete Ralf-Dieter K., genannt „Prozesse-Dieter", der nordrhein-westfälischen Justiz auf. Lief es mal nicht nach dem Willen des 71-jährigen ehemaligen Sportlehrers, wurde der ausfällig. So erstritt sich der Sozialhilfeempfänger unter anderem eine Klobürste oder neue Unterhosen vom Sozialamt."[58]
Daneben wird durch dieses Rollenverhalten Macht auf andere ausgeübt. Opfer wollen beschützt werden. Retter fühlen sich gebraucht und wichtig. Richter fühlen sich im Recht. Man begegnet sich nicht mehr auf Augenhöhe, sondern entsprechend seinem eingenommen Platz im Dramadreieck.
Souverän kommt Jesus mit der Waschschüssel rein. Nach dem Bericht von Markus dürften wir uns in seinem Elternhaus befinden. Die Jünger sitzen bereits bei Tisch. Genau genommen lagen sie nach römischer Sitte bei Tisch.

-----
59: http://www.welt.de/nrw/article1029740/Justitias_groesster_Albtraum_wird_wahr.html

Sie fühlen sich nicht so wirklich wohl in ihrer Haut. Niemand hatte ihnen beim Hereinkommen die Füße gewaschen. Die Sklaven waren wohl schon alle gegangen und so sitzen sie jetzt da mit staubigen Füßen.
Jesus steht auf und wäscht keinem den Kopf, aber allen die Füße - auch einem Judas. Jesus fühlt sich dabei nicht als Opfer, weil das sonst wieder mal keiner macht. Er will seine Leute durch diese erniedrigende Handlung aber auch nicht abstrafen. Er rettet sie auch nicht vor den Gefühlen, die dadurch in ihnen aufsteigen und einen Petrus „Nein" aufschreien lässt. Jesus ist ganz bei sich und er handelt völlig souverän. Es ist seine Entscheidung und keine Reaktion auf ein Rollenverhalten. Er tut das, was er wirklich will und nicht, was andere von ihm erwarten oder einfordern. Er spielt keine Rolle, sondern erteilt seinen Jüngern einen unvergessenen Anschauungsunterricht in Sachen Augenhöhe und Jüngerschaft.
Wohltuend anders agiert Jesus. Anders als seine Jünger wird er seinen letzten Weg nicht mit Rollenspielen zusätzlich beschweren.
Die Jünger springen nach der Fußwaschung wieder im Dreieck. Auf den Hinweis Jesu nach dem Verräter unter ihnen, fühlen sich alle schlecht und schuldig. Auf den Weg zum Garten kehren sie den Retter raus und wollen sogar mit Jesus sterben. Der erstbeste Soldat verliert anschließend durch einen Jünger sein Ohr.
Aus dem Opfer ist ein Täter geworden.
Bereits nach der ersten Ankündigung seines Kreuzweges nimmt Petrus Jesus zur Seite und macht ihm deswegen massive Vorwürfe. Am Ostermorgen werden sie die Frauen schroff zurechtweisen.
Nein, die Jünger haben sich an diesem Abend nicht gerade mit Ruhm bekleckert.
Wie gut tut das, davon in den Evangelien zu lesen. Das macht mir Mut für mein eigenes Leben. Wenn Jesus mit solchen Leuten sein Reich baut und mit ihnen die Gemeinde beginnt, kann er ja auch solche Leute wie uns gebrauchen! Das kenn ich doch auch, dieses Gefühl, wieder das Opfer zu

sein. Es macht ja sonst keiner und den letzten beißen bekannterweise die Hunde. Allein schon von Berufsbewegen werde ich ständig in meine Retterrolle gedrängt. Wie fatal für mich und andere, weil ich ja niemanden retten kann. Das kann man nur selbst mit Gottes Hilfe tun. Meine Frau kann ein Lied mit mehreren Strophen davon singen, wie penibel ich auf Fehler und Versagen hinweisen kann, wenn es sich dabei um Dinge handelt, die sie versaubeutelt hat.

Ja, ich kenne mich aus im Dramadreieck. Aber ich will dieses Spiel nicht mehr spielen. Dabei kann man nichts gewinnen, sondern nur verlieren - sich selbst und andere.

Wir müssen dieses Spiel nicht spielen. Niemand zwingt mich dazu, in der Opferrolle zu leben. Ich selbst habe es in der Hand, ob ich wieder der Retter sein will. Ich muss auch nicht auf mein Recht bestehen oder es einklagen. Ich darf mich selbst und meinen Blutdruck schonen, indem ich nicht überall und zu jedem und allem mein unfehlbares Urteil abgebe.

Nur einer spielt an diesem Abend das Spiel nicht mit: Jesus selbst. Er wird zwar für uns zum Opferlamm, aber er spielt in der ganzen Passionsgeschichte nicht das Opfer. Er spielt die Rolle nicht mit, die andere für ihn vorgesehen haben. Er rettet auch die anderen nicht aus ihrem Dilemma, in das sie sich durch ihr eigenes Verhalten an diesem Abend bringen. Und doch wird er für alle, die es fassen können, zum Retter der Welt. Er verurteilt niemanden. Weder Judas noch Pilatus, weder Petrus noch die lästernde Menge. Am Kreuz betet er für seine Feinde und doch wird eines Tages sich jedes Knie vor dem Weltenrichter Jesus Christus beugen müssen. Jesus selbst ist für uns zum Opfer geworden. Er ist der Retter der Welt und er allein wird das letzte Wort in unserem Leben haben.

**Fragen zum persönlichen Weiterdenken:**

1. Bin ich eher
   ( ) beziehungsorientiert ( ) sachorientiert

2. Wann empfinde ich „Nähe" als bereichernd?

   ___

3. Wann empfinde ich „Nähe" eher als erdrückend?

   ___

4. Wann brauche ich Abstand (Distanz) zu den Menschen?

   ___

5. Wann empfinde ich Abstand (Distanz) zu den Menschen eher als bedrohend?

   ___

6. In welche „Rolle" falle ich immer wieder herein
   ( ) Opfer ( ) Retter ( ) Ankläger (Richter)

7. Kann ich bestimmte Situationen benennen, in denen mir das immer wieder passiert?

   ___

   ___

8. Weshalb mache ich das?

   ___

9. Mit wem könnte ich an einem „Ausstieg an dem Dramadreieck" arbeiten?

   ___

10. Wie schätze ich mich zur Zeit selbst ein?
    ( ) von Gott geliebt ( ) wertgeschätzt ( ) unverstanden

## Weiterführende Literatur:


- Blanchard / Hybels / Hodges, Das Jesusprinzip, Gerth Medien Asslar 2001[2]
- Blanchard / Zigarmi, Der Minutenmanager: Führungsstile, Rowohlt-Verlag Reinbek bei Hamburg 2000[5]
- Peter Böhlemann / Michael Herbst, Geistlich leiten, Vandenhoeck & Ruprecht Göttingen 2011
- Konrad Bussemer, Die Gemeinde Jesu Christi, Bundes-Verlag Witten 1976[7]
- J. R. Clinton, Der Werdegang eines Leiters, Verlag für kulturbezogenen Gemeindebau Greng-Murten 1996[2]
- Carly Fiorina, Mit harten Bandagen. Die Autobiografie, Campus Verlag Frankfurt/Main 2006
- Friedbert Gay, DISG-Persönlichkeitsprofil, Gabal-Verlag Offenbach 2003[31]
- Irmela Hofmann, Brennende Fragen zur geistlichen Leiterschaft, Offensive 5/94
- Bill Hybels, Mutig führen, Gerth Medien Asslar 2002
- Spencer Johnson, Die Mäuse-Strategie, Heinrich Hugendubel Verlag Kreuzlingen/München 2000
- Karl Heinz Knöppel, Wozu ist Gemeinde gut?, Brockhaus-Verlag Wuppertal 1995
- John Kotter / Holger Rathgeber, Das Pinguin-Prinzip, Droemer Verlag München 2005
- Magnus Malm, Gott braucht keine Helden, Edition Aufatmen, Brockhaus-Verlag Wuppertal 1999[4]
- David Neufeld (Herausgeber), Erfahrungen im geistlichen Dienst, Neufeld-Verlag Schwarzenfeld 2005
- Heinz-Adolf Ritter, Leben heißt lernen, Bundes-Verlag Witten 1998
- Oswald Sanders, Verantwortung Leitung Dienst, Brockhaus-Verlag Wuppertal 1968
- Christian A. Schwarz, Die 3 Farben deiner Gaben, C & P Verlag Emmelsbüll 2001
- Christian A. Schwarz, Die 3 Farben der Leiterschaft, NCD Media Emmelsbüll 2012
- Lothar Seiwert, Die Bärenstrategie, Heinrich Hugendubel Verlag Kreuzlingen/München 2005
- Wolfgang Simson, Gottes Megatrends, C & P Verlag Emmelsbüll 1995
- Reinhard Spincke, Leiterschaft mit Herz, R. Brockhaus Verlag Wuppertal 2007
- Gerti Strauch, Das Gemeindekarussell, SCM R. Brockhaus-Verlag Wuppertal 2010
- Peter Strauch, Typisch FeG, Bundes-Verlag Witten 1997
- Peter Strauch, Typisch FeG, Bundes-Verlag Witten 2005[3]
- Theologische Impulse, Band 5, Die Leitung der Gemeinde, Bundes-Verlag Witten 2002
- Theologische Impulse, Band 11, Zwischen Hirtendienst und Management, Bundes-Verlag Witten 2005
- Theologische Impulse, Band 12, Auf Kurs bleiben, Bundes-Verlag Witten 2006
- Theologische Impulse, Band 16, Einsam oder gemeinsam, Bundes-Verlag Witten 2008
- Tobias von Boehn, Inspiriert leiten, C & P Verlagsgesellschaft Glashütten im Taunus 2007

Printed by Books on Demand GmbH, Norderstedt / Germany